Illustrated Stories of Jinggang

全国青少年井冈山革命传统教育基地 编著

上海科学技术文献出版社
Shanghai Scientific and Technological Literature Press

《画说井冈》编辑委员会

主　　编：刘爱平
副 主 编：王学坤　刘文兰　黄志刚　刘　军
选题策划：王学坤
总 监 制：刘亚军
编　　委：滕永琛　冯　赟　肖小军　黄华剑　陈　钢
统　　筹：滕永琛

撰　　稿：陈　钢
绘　　画：忻秉勇
封面绘画：沈尧伊

序 言

井冈山，是中国革命的摇篮、中华人民共和国的奠基石。

80多年前，以毛泽东、朱德为代表的老一辈无产阶级革命家在井冈山创建了中国第一个农村革命根据地，点燃了中国革命的星星之火。从此，井冈山以其彪炳千秋的丰功伟绩浓墨重彩地载入了中国革命史册。在艰苦卓绝的井冈山斗争峥嵘岁月里，革命先辈们留下了许多惊天地、泣鬼神的辉煌事迹，连同在血与火之中淬炼而出的井冈山精神，已经内化成我们取之不竭的力量源泉。

习近平同志曾指出："历史是最好的教科书。""学习党史、国史，是坚持和发展中国特色社会主义、把党和国家各项事业继续向前推进的必修课。""井冈山精神和苏区精神是我们党的宝贵精神财富，要永远铭记、世代传承。"全国青少年井冈山革命传统教育基地作为团中央直属的对青少年进行革命传统教育的全国性培训机构，肩负着帮助青少年深入学习党史，对青少年进行理想信念和革命传统教育，为党的事业培养合格建设者和可靠接班人的重要使命。基地从2012年7月运营以来，充分利用井冈山丰富而独特的红色资源，遵循青少年的认知特点与成长规律，开发了一系列以情景模拟、实践体验为主要形式的教学课程，让青少年在参与互动中感悟革命历史，坚定理想信念，传承红色基因。在此基础上，基地加大校本教材开发力度，不断丰富青少年革命传统教育的载体。《画说井冈》是基地组织编创的第一本校本教材，全书遵循井冈山斗争的历史脉络，借助连环画的艺术形式真实再现历史情景，力求通过清晰新颖的构思、生动感人的故事和细腻精美的图画，让读者在阅读中身临其境般融入当年艰苦卓绝的井冈山斗争的烽火岁月，接受一次神圣而又深刻的心灵洗礼。

让信仰点亮人生，让信仰托起伟大的中国梦！

《画说井冈》编委会

艰苦奋斗，继承和发扬井冈山革命精神！

李敏

2015年7月1日

李　敏：毛泽东与贺子珍之女，1936年出生于陕北志丹县。毕业于北京师范大学，先后在国防科委、解放军总政治部工作。

追忆前辈、铭记历史，让井冈山精神薪火相传！

刘建
二〇一五年三月廿日

刘　建：朱德元帅的外孙，1953年出生，1969年入伍，中国人民解放军装备学院原副院长，少将军衔。

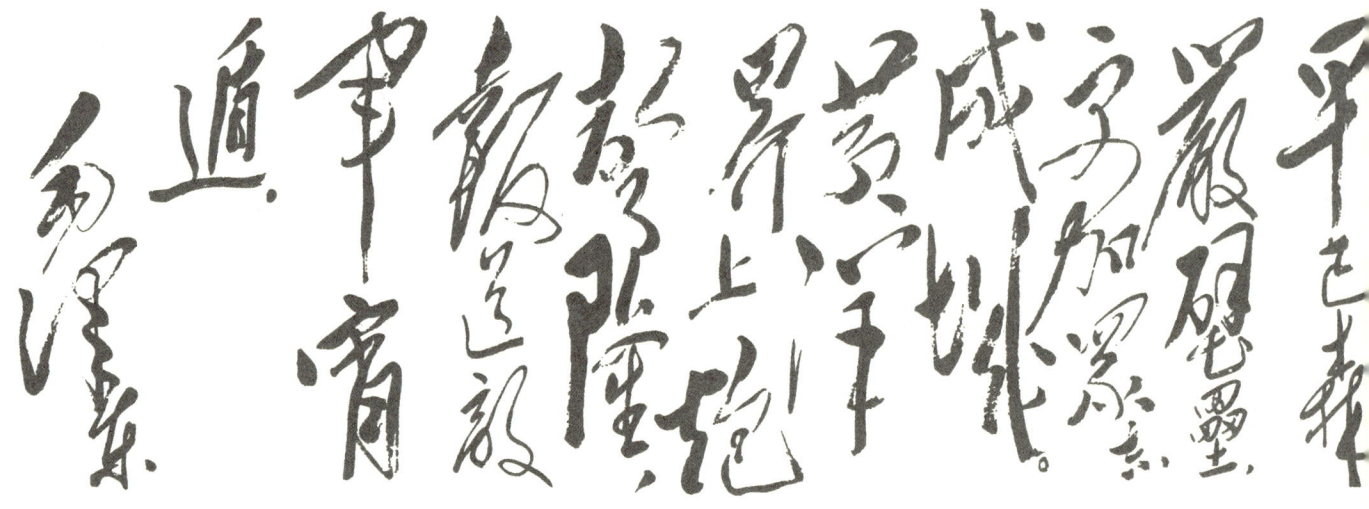

引言：不朽的画卷

在中国的湘赣边界，有一座巍巍莽莽的大山，山岳雄奇，层峦叠嶂，这就是井冈山。

1927年10月，以毛泽东为代表的中国共产党人，为了探求民族独立、国家富强、人民幸福的道路，毅然来到这里。在短短两年零四个月的艰苦岁月里，创建了中国第一个农村革命根据地，点燃了中国革命的星星之火，开辟了"农村包围城市，武装夺取政权"这一崭新的革命道路，谱写了中国开天辟地的新篇章，绘就了惊天地、泣鬼神的不朽画卷。

画卷里，千万名有胆识有信仰的青年，冒着隆隆的炮火，向着反动势力发起了冲锋。他们，摧枯拉朽，越挫越勇；他们，从无到有，从弱到强，从漂泊游徙到后来建立起了7200平方公里的井冈山革命根据地。

画卷里，毛泽东奋然挺身站在第一名，成为"排头兵"；朱德、陈毅把在江西安远县天心圩发出的气壮山河的誓言带上了井冈山；彭德怀以行动诠释了"哪怕只剩我一个人，

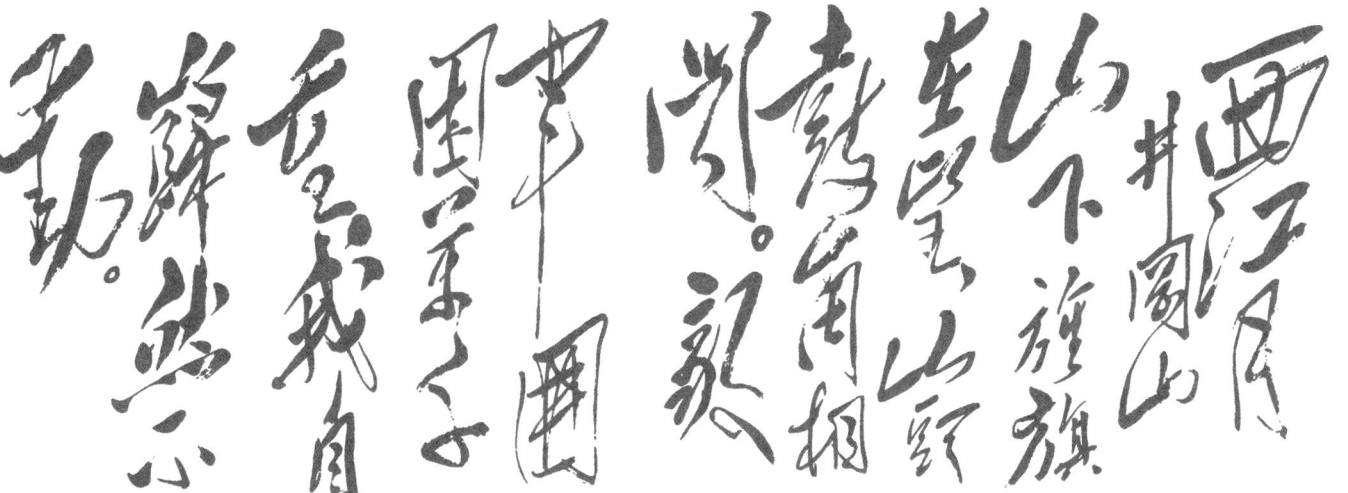

也要干到底"的信念。

画卷里,这些衣着褴褛的"跋涉者",吃的是红米南瓜,穿的是土布草鞋,哪怕"困难有时到了极点",仍艰难前行,义无反顾。

画卷里,那些平日里缺衣少食的工人农民兄弟,以行动作语,以身心相报,与共产党和红军联为一体,众志成城,用鲜血和生命捍卫着新生的红色政权。

画卷里,为了共产主义,卢德铭血洒山口岩,张子清笑眼东华山,谢甲开血染茅坪河,刘真、肖劲义薄云天……

这一幅幅画卷,镌刻在中国革命的篇章中,镌刻在中华民族亿万人民的心坎里,与天地同在,与日月齐辉!

从此,井冈山作为中国革命的摇篮,被载入中国革命历史的光荣史册,被誉为"天下第一山""中华人民共和国的奠基石"。

目录 CONTENTS

引言：不朽的画卷

第一篇　逼上井冈山
开篇语 1
一、敌人，举起了屠刀 2
二、暴动！暴动！ 4
三、毛泽东被逼引兵上井冈 6
四、红旗飘飘进三湾 8
五、"鸿门宴"变成"同心宴" 10
六、进驻茅坪 12
七、朱德率部进井冈 14
八、彭德怀突破重围上井冈 16

第二篇　困难到极度
开篇语 19
一、八角帽与被服厂 20
二、毛泽东带头打草鞋 22
三、自己动手造武器 24
四、红军的"淘宝店" 26
五、创办自己的医院 28
六、来自土墙里的盐 30
七、朱德的扁担 32
八、带"工"字的"花边" 34
九、一根灯芯下写就两篇巨著 36
十、苦菜当主粮 38

第三篇　信念破万难
开篇语 41
一、小石头与大水缸 42
二、拄着拐杖的"排头兵" 44
三、这是中国的"1905年" 46
四、鲜血凝就的《共产主义者须知》 48
五、"红旗一定能够打下去！" 50
六、小井浩气 52
七、浴血四十天 54
八、"天天吃南瓜，打倒资本家" 56
九、为了心中的"印" 58

第四篇　扎根靠群众

开篇语 …… 61
一、一个红薯与三大纪律 …… 62
二、大井访贫 …… 64
三、一件棉衣暖人心 …… 66
四、木炭与鸡蛋 …… 68
五、一只黑母鸡 …… 70
六、喜送"翻身粮" …… 72
七、巧送红军盐 …… 74
八、保卫黄洋界 …… 76
九、龙关秀与她的"宝贝儿" …… 78
十、一副对联 …… 80
十一、"有盐同咸，无盐同淡" …… 82
十二、陈毅割稻 …… 84

第五篇　热血铸青春

开篇语 …… 87
一、芦溪雄魂 …… 88
二、"背叛者"龙超清 …… 90
三、两个"山大王" …… 92
四、一代巾帼英雄的"梦" …… 94
　　井冈山上第一位女红军 …… 96
　　曾志托孤 …… 98
五、陈毅安的"红色家信" …… 100
六、井冈山上的"关云长" …… 102
七、谢甲开血洒茅坪河 …… 104
八、追求真理的刘真 …… 106
九、七溪岭上的"战神" …… 108
十、血染的紫兰花 …… 110

尾　声 …… 114

附录：井冈山革命根据地大事记
　　　主要参考文献

第一篇
逼上井冈山

开篇语

鸦片战争后的近代中国,苦难深重。在帝国主义的疯狂侵吞下,中国从延续两千余年的封建社会沦为半殖民地半封建社会,面临即将亡国的困境。一批又一批志士仁人愤然挺身,艰难探索中国的救亡图存之路,并由此催生了后来带领中国走向新纪元的中国共产党。在1921年诞生之日,中国共产党就向全世界庄严宣布:高扬马克思主义旗帜,为建立一个没有压迫,没有剥削,民主、自由的新中国而努力奋斗!

为了"打倒列强,铲除军阀",中国共产党和国民党实现了国共两党的第一次合作,共同掀起了轰轰烈烈的反帝反封建的大革命运动。然而,刚刚显露黎明曙光的中国,在中外反动势力的联合进攻下,在蒋介石、汪精卫高举的屠刀下,重新坠入黑暗之中。在革命即将失败的危急关头,在中国共产党面临生死存亡的关键时刻,领导秋收起义的毛泽东毅然率领起义将士踏上远离敌人白色恐怖的井冈山,将红旗插在这里,开始了谋求民族独立、国家富强、人民幸福之路的艰苦探索。

在这面红旗的召唤下,袁文才、王佐的农军,南昌起义保留下来的部队,湘南暴动的农军,平江起义的部队,国民党军的许多有识之士都上山来了。在这面旗帜下,聚集着海外归来的留学生、全国各地的名牌大学学生、黄埔军校生等一大批中国革命的精英。他们,用自己的脊梁,扛起了倾危的大厦!

一、敌人，举起了屠刀

1927年，是个血光之年。

这一年，革命与反革命、前进与倒退激烈碰撞。蒋介石蓄意分共，限制工农运动，向中国共产党人举起了屠刀：1月，他指令捣毁了赣州总工会；3月6日，枪杀了赣州总工会委员长、共产党员陈赞贤；接下来，又从南昌一路杀向南京、上海，发动"四一二"反革命政变。

霎时，南京、杭州、厦门、福州等城市的空气为之一变，"清党"——捕杀共产党员和革命群众的暴行迅速蔓延。李大钊、陈延年、赵世炎、汪寿华、肖楚女、邓培、熊雄等共产党员和工人领袖，倒在了国民党反动派的屠刀之下。

此后，湘、鄂、赣三省的反动派也开始血腥镇压共产党人和革命群众。5月17日，驻扎在宜昌的独立第十四师师长夏斗寅发动叛乱；21日，驻长沙的第三十五军第三十三团许克祥叛变，发动了"马日事变"。

1927年7月15日，汪精卫公然叛变，提出"宁可枉杀千人，不可使一人漏网"的口号，对共产党人和革命群众进行了更为疯狂的大屠杀。尔后，他踏着无数共产党人和革命群众的鲜血，走向了"宁汉合流"。

一时间，全国上下风云激荡，阴霾四起，血雨腥风，白色恐怖笼罩中华大地。

当时，被蒋介石、汪精卫屠杀的共产党人和革命群众多达31万！至此，国共合作全面破裂，轰轰烈烈的大革命运动失败了。

▶▶ 微链接

> **马日事变**：1927年5月21日晚，驻守长沙的武汉政府辖军、国民党反动军官许克祥率叛军捣毁了"湖南总工会"等中共控制的机关、团体，解除工人纠察队和农民自卫军武装，释放所有在押的土豪劣绅。共产党员、国民党左派及工农群众百余人被杀害。事变后，许克祥与国民党右派组织了"中国国民党湖南省救党委员会"，继续疯狂屠杀共产党人和革命群众。因21日的电报代日韵目是"马"字，故称这次事变为"马日事变"。
>
> "马日事变"严重地摧残了湖南的党组织和工农群众团体，是湖南的大革命由高潮走向低潮的转折点。它是以汪精卫为首的武汉国民党反动派和以蒋介石为首的南京反革命派公开合流的信号。

二、暴动！暴动！

经过血与火的洗礼，中国共产党终于悟出了一个道理：以往的失败就是因为自己放弃了领导权，必须用革命的枪杆子来对付拿枪的反革命！

1927年8月1日，南昌起义爆发，中国共产党打响了武装反抗国民党反动派的第一枪。

1927年8月7日，中共中央在汉口召开了著名的"八七会议"，总结大革命失败的经验教训，决定在湘赣边界发动秋收起义。会上，中央政治局候补委员毛泽东临危受命，负责领导秋收起义。毛泽东是个读书人，投身革命之后，从事过学生运动、工人运动、农民运动和统一战线工作，但他从来没有打过仗，更不用说指挥战斗了。

然而，面对秋收起义这么一个紧急而重大的任务，毛泽东没有退却。他回到湖南长沙后，立即开展调查研究，召开了湖南省省委会议，提出了举什么旗、走什么路和缩小暴动范围等问题，获得了与会者的支持，为起义奠定了基础。

随后，他在江西萍乡安源张家湾召开军事会议，讨论秋收起义的具体部署。参加秋收起义的部队统编为中国工农革命军第一军第一师，下辖三个团，共五千余人，毛泽东任前委书记，卢德铭任总指挥，余洒度任师长。经过一系列周密的计划，1927年9月9日，秋收起义爆发了。起义部队兵分三路，分别从江西修水、铜鼓、安源进攻湖南长沙。

红旗漫卷，军号嘹亮，杀声震天。绵延千里的湘赣边界大地上，响起了惊天的霹雳！

毛泽东用诗人的心声，表述了对这场革命风暴的深情颂扬：

军叫工农革命，旗号镰刀斧头。
匡庐一带不停留，要向潇湘直进。
地主重重压迫，农民个个同仇。
秋收时节暮云愁，霹雳一声暴动。

▶▶ 微链接

八七会议：1927年8月7日中共中央在湖北汉口举行的紧急会议。瞿秋白、李维汉、毛泽东、张太雷、邓中夏、任弼时、苏兆征、罗亦农、陈乔年、蔡和森、邓小平等22人出席会议。会议由瞿秋白主持，李维汉任主席。共产国际代表罗明纳兹和瞿秋白分别作了报告。会议总结了大革命失败的经验教训，结束了陈独秀右倾机会主义在中央的统治，通过了土地革命和武装反抗国民党反动派屠杀政策的总方针，并把发动农民举行秋收起义作为当时党的主要任务。毛泽东出席了会议，并在讨论中强调指出："要非常注意军事，须知政权是由枪杆子中取得的。"会议选出中共中央临时政治局，以瞿秋白、李维汉、苏兆征为常委。会议对动员、鼓舞全党和全国人民在革命面临失败的形势下，继续坚持革命斗争起了重大的作用。"八七会议"会址纪念馆位于湖北武汉汉口鄱阳街139号。

三、毛泽东被逼引兵上井冈

秋收起义给了国民党反动派一记沉重的打击。

可是，共产党的力量实在是太弱小了。起义仅仅5天，至9月14日，由于敌强我弱等原因，三路人马均遭失败，竟致"溃不成军"。

9月19日夜晚，毛泽东在湖南省文家市里仁学校召开了前敌委员会会议。

这是一个历史性的会议。一个严峻的问题摆在了毛泽东的面前：是退，是攻？必须作出及时的答复！

毛泽东经过全面思考，果敢地在会议中提出了"退"的主张。没想到，这一主张遭到了师长余洒度、团长苏先骏等人的强烈反对。

经过激烈的争论，最后，靠着毛泽东、卢德铭等共产党人的努力，历史的航船在文家市找到了坐标，会议作出了"向萍乡退却"的决策，迈出了我党工作重心向农村转移的第一步。

然而，萍乡驻有敌人重兵，部队只得绕道芦溪。

未料，9月24日凌晨，部队从芦溪开拔时，遇上了敌人的追击。总指挥卢德铭果断率部断后，却不幸牺牲，数百战士也战死沙场。

革命军的状况跌落到了最低谷，军中的一些意志薄弱者开始动摇了，部队处于严重减员、面临溃散的边缘。

为了尽快摆脱追兵，革命军继续南下，9月25日打下了湘赣边境的江西省莲花县。

前路茫茫，路在何方？道路的选择关系到部队的生死存亡！

正在此时，执勤的战士送来了一个"信使"，可谓柳暗花明。

原来，被送来的人叫宋任穷，是江西省委派来的联络员。他带来了江西省委的指示信，信中写道"宁冈县有我们党的武装，有几十支枪"。

这"几十支枪"，就是井冈山的绿林好汉——农民自卫军领袖袁文才的地方武装。

嘹亮的军号响起了，毛泽东作出了向宁冈进发的决策！由此，迈开了进军井冈山的征程。

▶▶ 微链接

毛泽东谈上井冈山：1963年1月，毛泽东在南昌接见委内瑞拉民族解放阵线代表团时，谈到了井冈山斗争。毛泽东说："我是被逼上'梁山'的。"

1970年3月，毛泽东接见江西革命委员会主任程世清时谈到井冈山斗争，也说了同样一句话："我是被逼上'梁山'的。"

四、红旗飘飘进三湾

三湾村，位于湘赣边境的江西省永新县。

历史记载，1927年9月29日，三湾这个小山村来了一支"大兵"。

毛泽东带领的工农革命军从江西莲花县到三湾，整整走了两天。由于人员伤亡较多，加之部队军阀习气严重，导致一路上士气低落，士兵不断逃亡。毛泽东为此做了一路的调查。他从特务连没有一个逃兵的事上得到了启发，认识到整编部队的迫切性。

入夜，毛泽东在三湾村枫树坪侧的协盛和杂货铺里召开了前敌委员会会议，提出了对军队进行改编的设想：一是将原来的工农革命军第一军第一师缩编为一个团；二是把党组织建在连上；三是在连队建立士兵委员会的民主制度，政治、经济、生活上官兵一律平等。

毛泽东的提议，虽然遇到了阻力，但还是在争辩后取得了统一。

第二天，毛泽东在枫树坪集中了所有官兵，在宣布改编事项的同时，宣布了"革命自愿"的原则：愿留则留，愿走则走，走的发给路费。

这是一个大胆的决定。一时，留下的全部站到了左边。

毛泽东向留下来的700多个官兵们作了热情洋溢的讲话："同志们！现在敌人只是在我们后面放冷枪，这有什么了不起？大家都是娘生的，敌人有两只脚，我们也有两只脚。贺龙同志两把菜刀起家，现在当了军长。我们现在有两营人，还怕干不起来吗？我们都是暴动出来的，一个人可以当敌人十个，十个可以当他们一百。我们现在有这样几百人的部队，还怕什么？没有挫折和失败，就不会有成功和胜利！"随后，毛泽东还对部队进行了整编。

这就是历史上著名的三湾改编。毛泽东在改编中创造性地确立了"党指挥枪""支部建在连上""官兵平等"等一整套崭新的治军方略，标志着新型人民军队创建的开始。经过改编，工农革命军人虽少了，但更精了，心更齐了，战斗力更强了。

▶▶ 微链接

五、"鸿门宴"变成"同心宴"

1927年10月3日,工农革命军开进了井冈山腹地宁冈县古城乡。当天晚上,毛泽东在古城的联奎书院又召开了一次前委会议,会议讨论并决定了在井冈山建立革命根据地的计划。但出乎意料的是,井冈山的农民武装首领袁文才派来的参会代表却在会上递交了一封婉拒工农革命军在宁冈安营扎寨的信!

这封信的确写得很委婉:"毛委员:敝地民贫山瘠,犹汪池难容巨鲸,片林不栖大鹏,贵军驰骋革命,请另择坦途。"

毛泽东明白,袁文才是心存芥蒂,怕革命军吃了他,火并了他。毛泽东耐心地说服了袁文才的代表,并请中共宁冈县委书记龙超清代为安排,择日拜见这位"山寨主"。

其实袁文才已是共产党员,但毕竟身在绿林多年,养成了他多疑的性格。他佩服毛泽东,却又怕身陷险境,于是想出了一个"妙计":双方各走一步,到茅坪与古城之间的大仓进行会面。为防不测,他将一排兵预先埋伏在大仓后山,若毛泽东带了兵,他会举右手为号,把他干掉;若没有带兵,就举左手,杀猪款待。

这是一场"鸿门宴"。

这一切,毛泽东等并不知情。

10月6日,秋高气爽,毛泽东带上四五个人骑马上路了。袁文才见毛泽东一行赤手空拳,暗中将埋伏的人马全都撤了。

毛泽东、袁文才都是读书人,虽素不相识,但越谈越投机,双方坦诚地介绍了自己的经历。当袁文才谈到只保存了60支土枪、坏枪时,毛泽东立时慷慨表态:愿赠钢枪100支,共谋发展。

毛泽东这一举措,令袁文才及众人心服口服。那个年代"有枪便是草头王",还有什么比这更厚实更真诚的"见面礼"呢!袁文才也当即表示:奉送银元1000元给革命军,并请毛委员明日率部进驻茅坪!

"鸿门宴"变成了"同心宴"。毛泽东以他的大智大勇为革命军赢得了一个"家":在茅坪"安家"。

▶▶ 微链接

袁文才

王佐

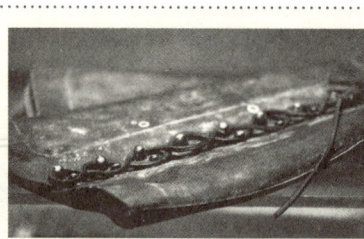

毛泽东送给袁文才的皮裹腿、马镫

王佐的青龙剑

第一篇 逼上井冈山

六、进驻茅坪

大仓归来,袁文才与龙超清等为迎接革命军忙开了。

1927年10月7日,一个天朗气清的日子。茅坪,经过一夜的打扮,变了样,到处干干净净,土墙上"欢迎工农革命军"等标语十分醒目。袁文才安排好人员到宁冈县的砻市去挑枪后,领上一班战士,抬上一把竹睡椅,带上妻子谢梅香连夜纳好的布鞋和自己的两套新长衫,亲自上路迎接毛泽东。

10点后,工农革命军浩浩荡荡地开进了茅坪。毛泽东没有坐袁文才送来的"轿子",也没换上他的新长衫,只穿上了新布鞋,带着脚伤的他走在队伍的前方,人虽清瘦,却意气风发。当革命军行至阎仙殿时,在龙超清的指挥下,18杆抬铳同时打响,两头大肥猪同时被宰,山里人以最高的礼节欢迎革命军的到来。

山门打开了,革命军从此有了自己的"家"。

阎仙殿前,一面面红旗迎风飘扬,像一团团跳动的火焰。

袁文才作了热情洋溢的欢迎词。随后,毛泽东代表前委向军民发表了简短讲话:"乡亲们!同志们!工农革命军历经千辛万苦,今天来到了茅坪。我们终于有了自己的落脚点了。这里山高林密,地利人和,我们和袁文才同志亲密合作,一定能够打出一个新天地!"

革命军在茅坪象山庵设立了留守处,在攀龙书院建立了医院。伤病员得到了安置,辎重也放下了。一句话——放下了包袱。

毛泽东被安排住在村中心的土郎中谢慈俚家的八角楼。从此,这座土楼里,一盏灯经常亮到天明。毛泽东在这里运筹帷幄,写下了《中国的红色政权为什么能够存在?》《井冈山的斗争》两篇光辉著作,为中国革命绘就了一幅崭新蓝图。

从此,一首民歌唱响在井冈山的大地:

天上的北斗亮晶晶,八角楼的灯光通通明,毛委员就是那掌灯的人,照亮中国革命万里程。

七、朱德率部进井冈

朱德随南昌起义的部队南下广东后，奉命据守大埔县的三河坝，掩护南昌起义主力部队南下。在三河坝，起义军遭遇国民党军大举进攻。在相持三天三夜后，由于敌众我寡，起义军主动撤退。起义部队撤退时，却得知主力在潮汕失败。朱德与其率领的部队成了孤军。部队何去何从？时任第三军军长的朱德勇敢地站了出来，带领部队转战闽赣边界山区，克服重重困难，对部队进行了著名的"赣南三整"，使这支濒临崩溃的部队获得了新生。

1928年1月，朱德、陈毅率领这支部队开进了湘南，发动了湘南起义。湘粤两省国民党军调动了几个师的兵力，分南北两路向起义军袭来。

朱德、陈毅、王尔琢根据敌情，决定退出湘南，向井冈山进发。

4月24日，在毛泽东派出的部队的接应下，朱德、陈毅率领的南昌起义部队顺利到达井冈山，在宁冈县的砻市同毛泽东领导的秋收起义部队会师。

5月4日，在砻市广场举行会师大会。朱、毛两支部队合编为"中国工农革命军第四军"，毛泽东任党代表，朱德任军长，陈毅为士兵委员会主任，王尔琢为参谋长。

井冈山会师，虽是时势所逼，但却翻开了中国共产党历史上光辉的一页。从此，"朱毛"联袂，担当起了中国革命的重任，中国革命才取得一个又一个胜利！

《井冈山会师》油画
何孔德 绘

八、彭德怀突破重围上井冈

1928年7月22日,为反抗国民党的残酷镇压,彭德怀、滕代远等在湖南平江县发动了平江起义。24日,中国工农红军第五军正式成立,彭德怀任军长,滕代远任党代表。

平江起义是继南昌起义、秋收起义和广州起义之后又一大规模起义,极大地震撼了国民党政府。国民党湖南政府调集重兵分数路向平江扑来,进行"堵剿"。

彭德怀率领红五军官兵英勇地抗击了三天三夜,终因敌强我弱,损失惨重,只得主动撤出平江城,向平江、修水边界的山区转移。

8月20日,彭德怀接到了中共湖南省委发来的指示信,信中要求红五军避免与敌主力部队作战,并派一部向萍乡、安源与朱毛联络。

彭德怀对毛泽东素来敬仰,十分赞赏毛的"上山"思想,一心向往井冈山。在平江起义前,就曾写过一首密诗,表达自己的心志:

求知心切去黄埔,夜梦依依我不然。
马日事变教训大,革命必须有武装。
秋收起义在农村,失败教训是盲动。
唯有润之工农军,跃上井冈旗帜新。
我欲以之为榜样,或依湖泊或山区。
利用周磐办随校,谨慎争取两年时。

彭德怀马上组织了行动。但是,结果却令人失望。

9月上旬,部队历尽艰辛,到达江西省万载县。部队立足未稳,因一名叛变投敌的副连长向敌人告密,在万载大桥遭敌重创,第一次上山失败。接下来,部队军心不振,经严格整顿后,才有新的变化。可是,在部署完第二次上井冈山的行动后,国民党军队和地方反动武装穷追不舍,部队战斗频繁;彭德怀属下两个大队长狼狈为奸,企图叛逃,甚至密谋干掉彭德怀!情势十分危急。

敌人逼,叛变者逼,都想把彭德怀逼上绝路,但彭德怀坚决不改上山的决心。

11月底,彭德怀等率部几经奋战,终于突破敌人重围,进入江西省莲花县境内,与毛泽东派来的接应部队会合了。12月10日,红五军与红四军在宁冈新城胜利会师!

蒋介石又逼出一位好汉,为井冈山"增派"了一支雄师。

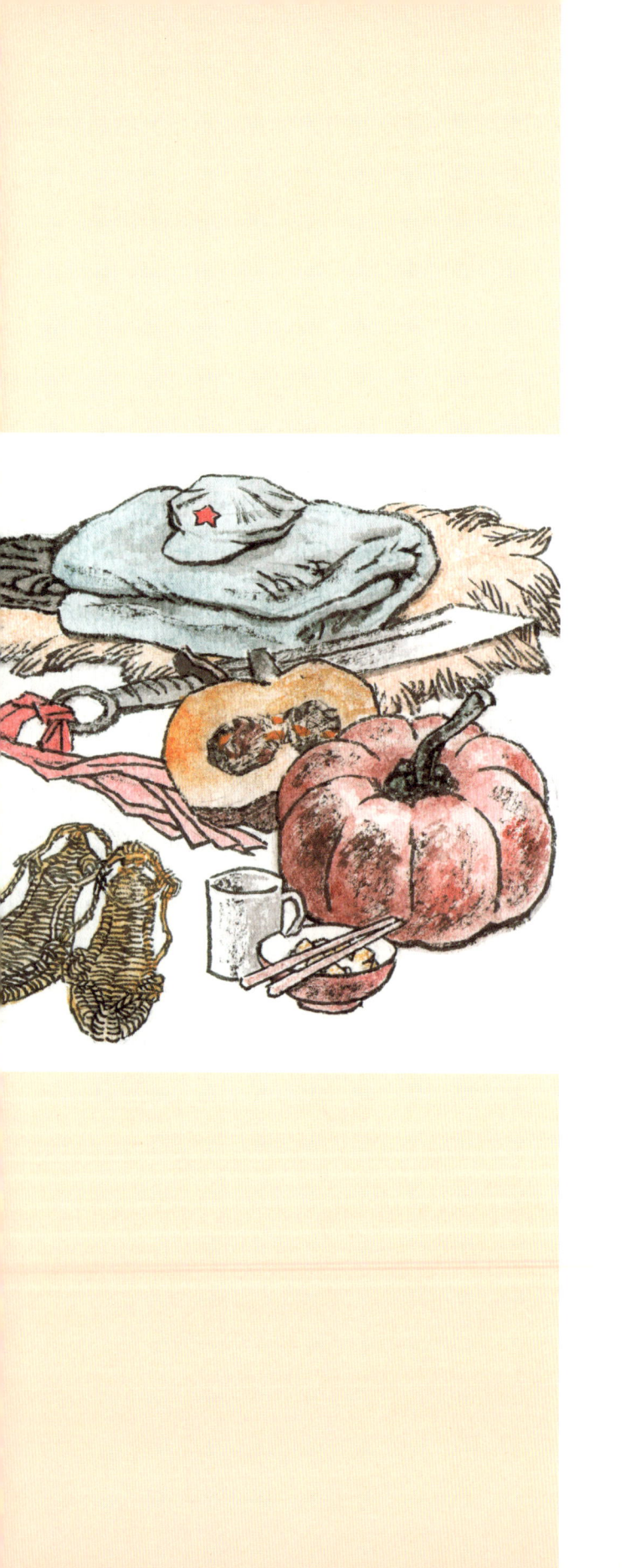

第二篇
困难到极度

开篇语

　　世界上的困难，与红军在井冈山斗争时期的困难比起来，恐怕鲜有更困难的了。毛泽东后来在回忆井冈山斗争时说，"困难有时真是到了极度"。

　　红军被逼上井冈山以后，敌人加紧了疯狂的军事进攻和严密的经济封锁，妄想将红军剿灭、困死在井冈山。

　　井冈山地势险峻，地无三尺平，当时还处在极其原始的农耕时期，在红军到达之前，山上人口稀少，只能基本维持温饱。当大批红军到达以后，各方面难题一个接一个地冒了出来，摆在红军面前：要抵御敌人的进攻，而武器简陋，子弹缺乏；要救治伤病员，却缺医少药，连消毒的酒精都没有，遇上要截肢，只得直接用锯子锯；吃穿就更成大难题，不仅粮食极度匮乏，连盐都成了稀有物，穿的衣服、鞋子也无处供应。

　　面对如此困苦的条件，红军没有被吓倒，反而激发出了艰苦奋斗的巨大潜力。

　　在军需方面，红军先后办起了被服厂、军械处、印刷厂；在农业方面，组织士兵参加生产劳动，自给自足；在商贸方面，开设红色圩场，促进商品流通；在金融方面，创办造币厂，稳定了金融市场；在医疗卫生方面，先后办起了两所红军医院；同时，开展了群众性的熬硝盐运动，组织竹木委员会向白区输出根据地物产，开展挑粮上山运动。

　　这些事，现在难以想象，但它就真实地发生在当年烽火连天的井冈山上，主角是一群有着远大理想、坚定信念，立志砸碎旧社会的红军将士们。

一、八角帽与被服厂

南方的冬天,阴冷潮湿,高海拔的井冈山更加寒冷难熬。毛泽东率领部队上山后不久,井冈山就进入初冬季节。战士们上山时穿的衣服,经过战火的洗礼,早已是破烂不堪了。

如何过冬,是需要立即着手解决的问题。

毛泽东把上山后及打茶陵收缴的一批白布,交给了留守处主任余贲民,交代他赶紧想办法制出一批军服。余贲民、范树德、杨立三这些后勤干部犯难了。因为,这批布全是白布。

军令如山。余贲民召集大家集思广益,尽快破解这个难题。三个臭皮匠,顶个诸葛亮。他们找来稻草灰、茶籽壳、黄栀子等加上靛蓝,进行反复试验,终于把布染成了灰色。余贲民又通过袁文才、龙超清从宁冈各地找来十几个裁缝,搭起了被服厂的班子。

1928年1月初,工农革命军打下了遂川县城,缴获了几百担白布,还有六架缝纫机。毛泽东立即派人送回茅坪,着令余贲民尽快做成军衣、军裤、棉衣、子弹袋、军帽、绑腿等军用物品。

这次,军帽的制作又一次难倒了这些"臭皮匠"们。因为当地的裁缝只会做"顶子帽"。"顶子帽"就是财主戴的那种圆顶帽。为此余贲民召开了"神仙会"。会上,有人提议:"宁冈人很信风水,连毛委员住的楼都做了个八角采光天窗。把'顶子帽'捏成八个角加上帽檐不就得了嘛。"

这个创意,树立了红军头戴"八角帽"的新形象,开创了红军军需供给的一代新风。

被服厂的厂址,余贲民选择了茅坪桃寮的张家祠。由此,这个边远山区的祠堂,成了中国红军军需工业的发祥地。

桃寮被服厂由小到大,发展很快。到1928年5月,全厂已有一百三十多人,开始了大规模程序化生产,还创造出一套"按件计酬法",提高了生产效率,有力地保障了红军的后勤供应。

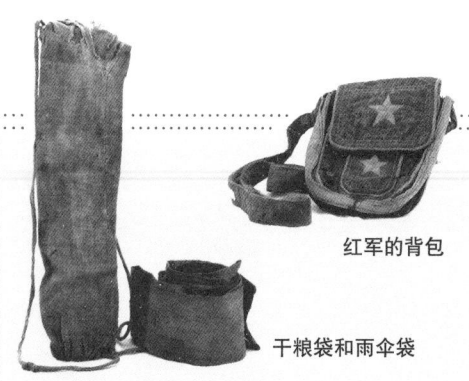

红军的背包

干粮袋和雨伞袋

> **微链接**
>
> 人民军队最早的被服厂,是1928年初,由余贲民负责,在宁冈桃寮村张家祠创办的一个红军被服厂。之后迁到茨坪。裁缝师傅均由会缝衣的战士和当地群众担任。

第二篇
困难到极度

画说井冈

二、毛泽东带头打草鞋

带兵难，饮食起居样样得管。军衣的问题刚解决，军鞋又成了一个棘手的问题。

国民党对根据地进行了严密的经济封锁，采购军鞋是不可能了，当地的布供应也紧张，要做布鞋也没有那么多布。只有一个办法，那就是穿草鞋。可红军这么多人，草鞋的采购也难啊。

再难也要闯出一条路来！自己动手，学打草鞋！群众是最好的老师，向群众请教，开展一场学习打草鞋的活动！

毛泽东的房东谢慈俚就会打草鞋，而且经常挑到砻市圩场上去卖，换点零用钱。毛泽东决定拜谢慈俚为师。谢慈俚一听，连忙说："不行不行，我怎么能当你的师傅呢！"毛泽东笑呵呵地把当前的困难告诉了他，谢慈俚应允了。

打草鞋是一门粗中带细的活，看起来简单，只是那么揉几下呀扭几次的，其实一搓一压都有讲究。添草均匀，搓草有劲，压得紧，草鞋才结实耐穿。毛泽东的悟性很好，少时在家也看过，经谢慈俚教了几遍后，就能自己独立操作了。

毛泽东带头打草鞋的事不胫而走。这是一种无声的动员。一时，整个部队迅速开展了打草鞋的活动。

战士们一边打草鞋，还一边哼唱一首歌：

骑在门槛打草鞋，哎呀哎子哟；

毛委员是来调兵，不知是调哪军？哎呀哎子哟。

哪军哪师都不调，哎呀哎子哟；

单调工农红四军，一班子好角色，哎呀哎子哟。

打土豪呀打劣绅，打倒土豪劣绅把田分，哎呀哎子哟；

分到土地把产增，送红军呀，哎呀哎子哟……

歌声里洋溢着乐观与热情。谁能想到这班"草鞋军"里竟然出了许多未来的将帅！

▶▶ 微链接

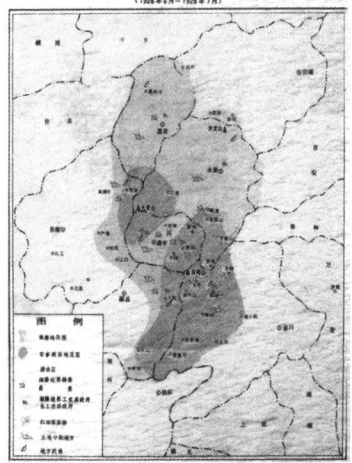

井冈山革命根据地全盛时期形势示意图

大井红军战士住房内景

三、自己动手造武器

要抵御敌人的军事进攻,守住井冈山,没有武器是不行的。

在红军到达之前,井冈山上已经有袁文才、王佐为首领的农民武装队伍。袁文才还在茅坪的白云寺专门办了一个用来修理打仗缴来的坏枪的修理铺,但这也只能简单地修理坏枪,并不会造枪。

为了解决武器缺乏的问题,毛泽东在茅坪驻扎后,提出办一个军械修理所,地点仍设在白云寺,袁文才应允了。就这样,工农红军最早的兵工厂诞生在这个寺庙里。毛泽东派了王佐手下铁匠出身的刁飞林连长负责筹建工作。

别小看这些从来没有造过枪、腿上有泥巴、手掌尽是老茧的"山牯佬"。兵工厂开工后,大家心往一处想,劲往一处使,捡拾砖头筑炉灶,上山砍柴烧木炭,突破封锁到山下遂川县一带去运铁……

就这样,想方设法,硬是把死铁疙瘩炼成了钢。接着,大家又用卷烟的办法打成枪管,居然造出了"来火枪"。

毛泽东、朱德井冈山会师后,坏枪都被收集到一起了。为了适应战争的需要,毛泽东、朱德、陈毅商定,决定把修械所扩建为红四军军械处,由工人出身的特务营营长宋乔生担任处长,再从水口山铅锌矿工人中调了一些人充实进来。

不久,缴获的老虎钳、钢钻、台钳送上来了,土车床也送上来了,"兵工厂"有气势、有规模了。于是,大刀、长矛、来火枪、单响枪……一批批武器被运上前线。后来,"松树炮"也造出来了。1928年8月,兵工厂修好的迫击炮被抬上了黄洋界,为保卫战立下大功!

▶▶ 微链接

茨坪中国红四军军械处旧址、中国红军第四军军官教导队旧址

四、红军的"淘宝店"

在敌人严密的封锁下,井冈山的各种生活必需品一度极其匮乏。毛泽东回忆当时境况说:"永新、宁冈两县没有盐吃,布匹、药材完全断绝,其他更不必说。""这种经济压迫,不但中等阶级忍不住,工人、贫农和红军恐将有耐不住之时。"

经济封锁,这是敌人的一个狠招。必须想出一个高明的办法,尽快地将其击破才是。

毛泽东找来了宁冈的区、乡干部和几位年长的乡亲访求良方。

老乡们说:"以前的日子也过得苦,但盐和棉布还是有卖的。"

干部们讲:"有一个办法可以试一试,那就是开一个圩场。"

"开圩场?"毛泽东急切地问。

"对。"那位干部继续说,"去年年初,龙超清和袁文才曾倡导在大陇开了一个圩场,每逢二、五、八为圩日,还是很活跃的,湖南酃县(今炎陵县)的老表也会赶过来,没有的东西多少还是可以补一点。可'马日事变'后被关停了。"

这件事,毛泽东和袁文才想到一块了。

1928年5月28日,大陇红色圩场重新开张。前来赶集的人群从四面八方涌来,有宁冈当地的,有从酃县赶过来的,也有从其他地方来的小商小贩。圩场上的东西五花八门:有本地特产山货,有鸡鸭鱼肉,有竹木产品,更有商人从白区偷运过来的红糖、盐和土布……

红色圩场像一处货源不断的"淘宝店",红军不断地从这里"淘"到自己想要的"宝物"。

正是靠着这些红色圩场,红军才打破了敌人的经济封锁线,获得了急需的物资,得以坚持下来渡过了难关。

▶▶ 微链接

草林圩场: 毛泽东在井冈山革命斗争时期创建的第一个红色集市。草林红色圩场创建后,不仅活跃了当地乡村经济,而且为井冈山根据地的巩固与发展提供了吃、穿、用等方面的物质保障,为根据地做好经济工作积累了丰富的经验。

五、创办自己的医院

在井冈山的小井,有一处革命遗址,叫小井红军医院。这座外形黑色、全木结构的医院是我军第一所正规医院,也是当年红军自力更生、战胜困难的见证。

毛泽东率领工农革命军进军井冈山,沿途遭到敌人追堵,伤病员很多,如何安置、救护伤病员,成了当时棘手的难题。

当时的井冈山经济落后,山上也只有为数不多的土郎中,加上敌人对根据地进行了严密的经济封锁,导致井冈山的医疗救治条件极差。1927年10月7日,毛泽东率领部队抵达茅坪时,就让袁文才帮助筹办起了一所简易的医院,把一百多名伤病员安置了下来。

医院办在茅坪攀龙书院,场所倒是很宽敞,关键是缺医少药。靠着袁文才的努力和人气,找来了十几名中医,上山采来草药,用竹片制成镊子,用盐水代替酒精,用托菜盘当作托药盘,简简单单就开业了。

然而,随着战斗的日益频繁,红军伤病员急剧增加。特别是一场"八月失败",使得红军失去了根据地的大片区域,位于攀龙书院的医院也不能再安置伤病员了。伤病员只有搬进井冈山五大哨口之内的山里,分散安置在农户家,这给本来缺医少药的红军又出了一个新难题。

必须要有自己的医院。为此,湘赣边界党的第二次代表大会专门做出"建设较好的医院"的决定。

建立医院需要大量资金。钱从何处来?毛泽东、朱德想出了捐款集资的办法。红军官兵纷纷响应,3角、2角、1元,各尽所能。这些钱,很不一般,它是战士们咬紧牙关节约下来的"伙食尾子"。就这样,筹集到约1000块大洋。为赶建医院,从各地请来了许多木匠、铁匠和石匠。大家自己上山砍树,锯板子,用杉树皮当瓦。经过近两个月的努力,终于建成了我军第一所正规医院,取名"红光医院",就是后来的小井红军医院。

红光医院的建立,使得红军伤病员的救护有了基本的保障,对恢复红军战斗力起到了重要的作用。1929年1月下旬,由于敌人的偷袭,红光医院失守,来不及转移的100多名伤病员面对敌人的枪口,忠贞不屈,视死如归,没有一人透露红军主力的去向,最后全部被敌人用机枪扫射而牺牲,谱写了一曲悲壮的英雄赞歌。

画说井冈

六、来自土墙里的盐

人长时间不吃盐，就会全身乏力，甚至出现浮肿，走路都费力，更不用说打仗了。

红色圩场的开辟，虽然在一定程度上缓解了根据地的物资不足，但井冈山上的红军最多时有一万多人，所以，盐的需求量很大，依然压力重重。

严峻的局势令人感到不安。毛泽东找到袁文才、龙超清、刘辉霄等当地干部，共同商讨进一步解决困难的法子。议来议去，刘辉霄突然提出："听老人讲，太平天国在吉州这一带活动时，官府为镇压这支农民军，曾全面禁盐。听说后来太平天国靠熬硝盐才渡过难关。"

硝盐，又苦又涩，还有一点毒性，但比起没有一点盐要好多了。

这是个没有办法的办法。为了革命，为了活下去，红军战士没有选择。根据地军民从此开始了一场熬硝盐运动。

红军部队派出专人和地方政府一起，在碧市银子冲、大陇庄下等地建起了几个熬硝盐厂。把当地一些老房子墙脚上的一层白硝刮下，或直接将那些土砖、墙脚砖挖来捣碎，用水浸泡，再将浸泡的水放入大锅，用火熬干，就可炼出硝盐。

正是这种敢于冒险的精神，使处于极端困难下的红军，克服了用盐困难，顽强地活了下来。

▶▶ 微链接

红军分给农民李尚发的一罐食盐

七、朱德的扁担

由于毛泽东、朱德两支部队会师井冈山，山上的粮食一下子紧缺起来。没粮食怎么办？红军就下山自己挑。

1928年深秋，井冈山的军民掀起了一场轰轰烈烈的挑粮上山运动。

毛泽东、朱德也参加了挑粮。这时的朱德，身为红四军军长，已年过40岁了，大家都劝他不要参加，可谁也劝不住他。

有一次，朱德挑了四十多斤。粮食要从井冈山下的柏露挑上山，到红军驻扎的茨坪，往返近百里，全是羊肠小道的崎岖山路，上上下下，别说是挑担子，就是空手走路，也会累得气喘吁吁。

黄洋界的五里牌有一棵大槲树，长在小路边上，上下黄洋界的人都喜欢在这里歇歇脚。站在这里，黄洋界下，近山如墨，远山如黛，阡陌纵横，村庄如盖。

战士们见朱军长一身汗水，既感动又过意不去。一个战士突然想出了一个办法，把朱德的扁担给"偷"了。正在朱德到处找扁担的时候，战士们一哄而起，把朱德的几十斤谷子全分了。

这个机灵的战士，几十年后才"浮出水面"，他就是开国上将朱良才。

朱德知道战士们的好意，但事后马上找到军需处长范树德，让他为自己重做了一根扁担，还特地写上了"朱德扁担，不准乱拿"八个字，又下山挑粮去了。

朱德的扁担再也"偷"不走了。他的风范，令战士们十分钦佩。朱良才和他的战友们，你一句我一句编了一首歌谣：

朱德挑谷上坳，粮食绝对可靠。
军民齐心协力，粉碎敌人"会剿"。

现如今，挑粮小道依然蜿蜒在井冈山上，成了红军打破当年敌人封锁粮食的见证；同时，也是当今红色旅游、红色培训"重走挑粮小道"生动的课堂现场。

▶▶ 微链接

朱德的扁担

八、带"工"字的"花边"

"花边",是井冈山人对银元的称谓。

井冈山斗争时期,红四军虽然只有五千来人,但"麻雀虽小,五脏俱全"。钱,对这支弱小的军队来说,显得尤为重要。现金的来源,当时只有靠打土豪筹集,但由于敌人的重兵"进剿",军队有时无法出去,一来二去,现金的开销成为一个大问题。

俗话说,一分钱可以逼死英雄好汉。军中的困难使毛泽东感到万分的困苦。

一天,袁文才向毛泽东建言:王佐曾经办过一个造币厂。我们可以自己造"花边",应付难关。

毛泽东随后找来了王佐。王佐二话未说,就应承下来了。

不久,王佐就把造币厂办起来了。造币厂设在井冈山上井村。一切生产设备都是土法上马,因陋就简,几乎就是乡间铁匠的家什,原料主要来源于打土豪缴获的一些银器,就是多了熔银器、冲压架。造币的师傅姓谢,原是广东一个银匠世家的后代。按他的手艺,每开炉一次,可造出四五百块白花花的银元来。

这一次,造的是地道的真银元,用的是当时流通较广的墨西哥鹰洋版。为了使之与市场上流通的银元有所区别,工人们在银元上凿上一个"工"字。

为了保证银元正常流通,袁文才带领一班人下了很大功夫:一是加大宣传,保证假一赔十;二是在各地设立兑换处,"工"字银元可以兑换"袁大头";三是在山上山下创办多处公卖处(商店),凡持"工"字银元购买商品,价格优惠。

造币厂的开办,不但解决了红军缺少现金的难题,而且代表着新型人民货币的萌芽,显示了红色政权强大的经济生命力。

> ▶▶ 小链接
>
> **罗荣桓和他的一块银元**:"三湾改编"后,时任连党代表的罗荣桓把军领导给每个干部发的一块作为零用钱的银元,小心翼翼地放在上衣口袋里。在一次战斗中,罗荣桓正准备带领战士们冲锋时,突然感到胸前像是被重重打了一拳。但他来不及多想和仔细查看,便同战士们冲出了阵地。战斗结束后,罗荣桓才发现,自己的上衣口袋被烧出了一个洞,用手一摸,那块银元居然还在。罗荣桓把银元掏出来摊在手心,仔细一瞧,银元上有了一个凹坑,回想起方才战斗的情景,不禁恍然大悟:原来敌人射来的子弹正好打在银元上,才使他幸免于难。罗荣桓手握那枚还带着他体温的银元,感慨地说:"亏了它保驾,不然我早就去见阎王了!"
>
>
>
> 从此,这块银元就成了罗荣桓须臾不离的伙伴,与他一起南征北战。西安事变后,罗荣桓将这枚救命银元交给妻子林月琴,给即将出世的孩子做"护身符"。

九、一根灯芯下写就两篇巨著

红军上了井冈山以后,有些困难是料想不到的,例如油的问题。宁冈原本是产油区,可一支几千人的驻军,吃菜要油、点灯要油、擦枪要油……长此以往,日复一日,岂能支撑得住?

为了节约用油,毛泽东、朱德作出了一个规定:各连、营、团办公时用一盏灯,可点三根灯芯,不办公时灯熄灭;连部要留一盏灯,供查哨、带班用,但只准点一根灯芯。

毛泽东每天都要工作到深夜。按规定,他是党的前委书记、军党代表,是"最高长官",晚上办公费神费眼,理应点三根灯芯,但毛泽东没有这样做。他说:"我也是一名红军战士,要带头节约每一滴油。"因此,除了开会,他都主动挑去两根灯芯,只点一根灯芯。

一根灯芯是一个什么样的概念?用词语来比喻,就是"豆花"大小;若按亮光来讲,仅相当于一瓦电灯。这还要看灯芯的长度,若是挑得短,可能还不及一瓦的光亮。

毛泽东就是这样严格要求自己,每天不到彻底天黑不点灯,点上后,就在豆花大的光亮下,一坐坐到半夜或天明。1928年10月初,他写下了《中国的红色政权为什么能够存在?》,11月间又写下了《井冈山的斗争》。

没有豪言,只有壮行。一根灯芯事虽小,滴水映出太阳辉。红军官兵从毛泽东身上看到了什么是真正的共产党人和共产党人的优良品质。

微链接

毛泽东在井冈山斗争时期的著作

茅坪八角楼毛泽东旧居

十、苦菜当主粮

在井冈山上，有一种冬春两季生长、味苦性凉可食用的野菜。

1927年冬天，工农革命军上山后，国民党军对井冈山革命根据地进行了经济封锁，致使红军缺粮少菜，不得不辅以南瓜、野菜充饥。

一天，毛泽东坐在步云山通往洋桥湖的小路旁的树下看书。快到十二点的时候，他突然听到对面的白云寺里吵吵嚷嚷，有人还大呼小叫。毛泽东顿觉奇怪，立马走了过去。

原来，有些战士因为中午又吃苦菜正在大声抱怨呢。

毛泽东二话不说，盛了一碗大口吃了起来，边吃边说："这菜是有点苦，但有丰富的政治营养。我们吃得下这个苦，就能克服更多的苦。今天我还要多吃一些哩。"

这些战士都是袁文才的兵，正在接受革命军的整训。战士们见毛委员吃得如此"上劲"，都有些不好意思了。

饭后，毛泽东把他们召集在一起，对他们说："我们是为了消灭地主阶级，谋求幸福生活才来当兵的。没有今天的苦，哪有明天的甜？吃得苦中苦，才有革命的胜利啊。"

战士们听了，都觉得毛委员说得对，刚才大呼小叫的那些战士都惭愧地低下了头。

毛委员带头吃苦菜的故事，很快传遍了井冈山。

▶▶ 微链接

红军"伙食尾子"　　毛泽东用过的油灯、砚台　　红军医务人员用的药臼

第三篇
信念破万难

开篇语

信念是一种守望，一种坚持，一种强大的精神力量。信念也是一个人、一个政党、一个民族的精神支柱。一个人倘若没有理想和信念，就成了没有灵魂的躯壳；一个政党、一个民族倘若没有理想和信念，就会失去奋斗的目标、前进的动力。

但是，坚定的信念不是抽象的，而是具体的。

在井冈山斗争时期，毛泽东、朱德、陈毅、彭德怀、滕代远等老一辈革命家及广大的湘赣边界军民，以他们的实际行动，为我们诠释了信念的力量、信念的真正意义。

大革命失败后，中国革命的道路在哪里？该往何处去？是什么促使毛泽东等人孜孜以求地探索？

面对敌人的围追堵截、穷追猛打，是什么促使工农革命军战士一路跟随党的领导走上井冈山？

红军上了井冈山以后，面对敌人的疯狂进攻和重重封锁，是什么支撑着他们誓死与山同在，保卫红色政权？

面对敌人的严刑拷打、威逼利诱，甚至机枪的扫射，又是什么使得井冈山军民严守秘密，视死如归，不向敌人吐露半个字？

答案只有两个字：信念。正是毛泽东等人怀抱着救国救亡的理想和信念，井冈山军民怀抱着坚信共产党开辟的是正确革命道路的信念，他们才能坚守着、坚持着，中国革命才走向了胜利，走向了辉煌。

一、小石头与大水缸

1927年9月9日爆发的秋收起义，由于敌强我弱，起义的三路人马均遭到不同程度的失败。

战友们的鲜血染红了通往长沙的平江、浏阳、萍乡的小镇和山坳。

军号声咽，马蹄声碎，革命军官兵的心在彷徨。

革命，向何处去？是继续打长沙还是退出去另谋出路？

9月19日晚上，湖南浏阳的文家市里仁学校的灯亮到半夜，官兵们的心也悬到半夜。终于，一个声音传出来了：毛委员力主"退"的主张得到了前委会的通过！为了保存力量，部队向萍乡转移，向敌人统治力量薄弱的农村转移！

翌日，太阳升起来了，晨光把文家市映得红彤彤的。官兵们集结在里仁学校的广场上。工农革命军前敌委员会书记毛泽东站在队伍的正前方。他挥动着手，用洪亮的声音作动员："同志们，工农兄弟们，中国革命没有枪杆子不行。这次秋收起义，虽然受了挫折，但算不了什么！胜败乃兵家常事。我们的武装斗争刚刚开始，万事起头难，干革命就不要怕困难。我们有千千万万的工人和农民群众的支持，只要我们团结一致，继续勇敢地战斗，胜利是一定属于我们的。"

毛泽东讲到这里，打了个比喻："我们现在的力量很小，好比一块小石头，蒋介石好比一只大水缸，总有一天，我们这块小石头，要打破蒋介石那口大水缸！"

这是多么宏大的气魄，多么坚定的信念！毛泽东不是预言家，但22年后，蒋介石的那口"大水缸"果真被共产党的"小石头"打破了！

▶▶ **微链接**

少年胡耀邦第一次见毛主席： 胡耀邦曾回忆12岁第一次见到毛主席的情景："我12岁在家乡文家市里仁学校上学时，正值毛主席领导秋收起义的部队在文家市集中。那天早晨在里仁学校操场上，我第一次看到身材魁梧的毛主席给起义部队讲话，听到他说：'我们现在力量很小，好比一块小石头，蒋介石好比一只大水缸，总有一天，我们这块小石头，要打破蒋介石那口大水缸！'他这话给我留下了一生不可磨灭的印象，使我从小树立起革命一定会胜利的坚强信念。"

《我的父亲胡耀邦》系列连环画
陆小弟 绘

二、拄着拐杖的"排头兵"

1927年的10月中旬，日头依然很毒，向着井冈山进军的工农革命军官兵们，个个汗流浃背，一路走过了鄢县十都、水口，前方已到遂川境内的大汾镇了。

暮色中，革命军走进了大汾，这座秀丽静谧的小镇一时平添了几许热闹。人们纷纷奔走相告：工农革命军来了，发布告了，要变天了！

然而，谁也没有想到，半夜时分，遂川县土豪劣绅肖家璧率领反动民团400余人，突然包围了革命军。事发突然，革命军初来乍到，被打懵了。团部在特务连的保卫下，天亮后冲杀出来，竟然不见了整个三营，毛泽东身边只剩下六十多人！

"张子清——团长！""伍中豪——副团长！"战士们呼喊着，声嘶力竭，却无济于事，只听得余音在空谷中回响。

原来三营在突围中走反了方向，走到桂东去了！

战士们倒在地上号啕痛哭，哭声，撼人心扉；场景，惨不忍睹！秋收起义时五千多人，到如今，只剩下百分之一，谁不心寒啊？！队伍到了分离散伙的地步。

毛泽东的心也碎了。他知道：眼下的劝说无疑是渺茫的"画饼"，痛苦的宣泄是战士振作的"心药"。他强忍着痛苦，让新任连党代表罗荣桓带人去山下买些米饭来给战士们充充饥。

不久，罗荣桓他们买回了半箩筐掺加了番薯丝的饭。可是，一没有碗，二没有筷，三没有菜。

毛泽东走向前，大声说："同志们，振作起来吧！人是铁，饭是钢。大家用手捧吧！"说完带头捧了一小捧，吃了起来。随后，他对特务连连长曾士峨说："曾连长，请你叫口令。站队报数！我站第一名！"

毛泽东拄着拐棍，笔挺地站在排头。

他们，在毛泽东这个"排头兵"的带领下，又重振精神，迈开步伐，迎着太阳，走向前方！

这就是信念的力量！

三、这是中国的"1905年"

朱德率领南昌起义余部转战进入赣南山区后，天气逐渐寒冷，官兵们仍穿着单衣，餐风饮露，疾病频发。寒冷、饥饿、疾病，严重地威胁着每一个人。革命还有没有前途？部队一无供给，二无援兵，出路在哪里？离队的人越来越多，连师长、团长也有不告而别的，师、团级政工和军事干部只剩下陈毅和王尔琢了。部队进入安远天心圩时，近两千人的队伍竟锐减了一半。部队到了生死存亡的边缘。

沧海横流，方显英雄本色。朱德下决心对部队进行整顿。

进驻天心圩的傍晚，朱德召开了全军官兵大会。朱德首先宣布：今后这支部队由我和陈毅来领导。他诚恳地说："愿意继续革命的跟我走，不愿意革命的可以回家，不勉强。我是不走的。"

接着，朱德以他的非凡气概和远见卓识，发表了极为深刻的讲话："1905年的俄国革命失败了，留下的'渣渣'就是十月革命的骨干。我们这次就等于俄国的1905年。""俄国在1905年革命失败后，是黑暗的，但黑暗是暂时的，到1917年，革命终于成功了。中国革命现在失败了，现在也是黑暗的，但是黑暗同样遮不住光明。只要能保存实力，革命就有办法，革命就能成功。"

接着，陈毅的一番话也同样激荡人心。陈毅说："南昌起义是失败了，南昌起义的失败不等于中国革命的失败。中国革命还是要成功的。只有经过失败考验的英雄，才是真正的英雄。我们要做失败时的英雄！"

天心圩整顿之后，军心开始稳定，起义部队度过了最艰难的阶段，走上了新的发展道路。后来，部队又在赣南地区经过了大余整编、上堡整训，雄风大振，终于走向了井冈山。

四、鲜血凝就的《共产主义者须知》

这是一份鲜血凝就的文献,它印发于1928年,印发的单位是遂川县工农兵苏维埃政府。

文章很短,说的是对共产党人的要求,总共只有一百多字,看后却让人心动、震撼。

它是这样写的:"共产主义者应当怎样?共产主义者须知:(一)日常起居:思想系统化,行动集体化,言论革命化,工作艺术化,生活科学化。(二)工作大纲:为团体努力,做群众导师,到群众中去,到反动荆棘中去,不畏难,不怕死,不爱钱,为主义而牺牲。"

"不畏难,不怕死,不爱钱""为主义而牺牲",多么朴实、崇高、坚定的信念,这是浸透在当年红军血液中的信念。

为了主义,衣着褴褛的红军官兵,无畏无惧,凭借着简陋的武器,坚守在阵地哨口,向着强大的敌人发出英勇的抗击;

为了主义,井冈山小井红军医院的一百多名红军伤病员巍然屹立,面对着屠刀,面对着死亡,一个个坚贞不屈,慷慨就义;

为了主义,一群群富家子弟"背叛"家庭,来到井冈山甘愿受苦,一批批大学生、黄埔军校生放弃功名利禄,聚集在这面旗帜下……

为了主义,短短的两年零四个月的井冈山斗争岁月里,倒下了四万八千多名战士,他们用生命谱就了共产党人坚定理想信念的赞歌。

五、"红旗一定能够打下去!"

井冈山的斗争,有胜利和辉煌,也有低迷和挫折。

1928年"三月失败"后,有人提出了"红旗到底打得多久"的疑问。

风乍起,吹皱一池春水。这是一股动摇信念的歪风!

千里之堤,溃于蚁穴。毛泽东意识到问题的严重性,当即在湘赣边界党的第一次代表大会上做了初步的回答:"因为这是一个最基本的问题,不答复中国革命根据地和中国红军能否存在和发展的问题,我们就不能前进一步。"

没想到,五月已经被答复的问题,一场"八月失败"之后,这股风又悄然而起!

必须从理论上予以答复!

八角楼的灯亮起来了。毛泽东端坐在一根灯芯的油灯

下,细细地梳理一年来的斗争实践。

10月4日至6日,湘赣边界党的第二次代表大会召开了。步云山上的白云寺里,一个浓重的湖南口音环绕四壁:"有些同志在困难和危急的时候,往往怀疑这样的红色政权的存在,而发生悲观的情绪。这是没有找出这种红色政权所以发生和存在的正确的解释的缘故。"

接着,毛泽东从五个方面阐述了中国红色政权为什么能够存在和发展的条件及原因,从理论上进行了科学的答复。他明确指出:"边界红旗子始终不倒,不但表示了共产党的力量,而且表示了统治阶级的破产,在全国政治上有重大的意义。"

毛泽东的论断,提出了红色政权的理论思想,不仅拨开了笼罩在根据地内的迷雾,而且指出了红色根据地的发展前景。

"红旗一定能够打下去!"毛泽东能够做出这样的论断,谁说靠的不是对信念的坚守呢!

六、小井浩气

1929年1月下旬,天天寒风呼啸,大雪纷飞。

守护井冈山的部队在彭德怀、滕代远等人的领导下,与前来"会剿"的湘赣敌军鏖战了三天三夜,面对着血与火、生与死的考验,英勇战斗,始终未让敌人逾越阵地一步。硬打不行,就来软的。敌人用200块银元收买了当地一个地痞无赖,将两营敌军直接引进了黄洋界后方的小井,致使第三次反"会剿"失利,红五军和红三十二团被迫转移。

小井,是红军的医院驻地,有100多个伤病员和医护人员来不及转移,一时间,他们全部落入敌手。

敌人把他们押至医院外的稻田中,威逼他们说出红军主力的去向。昔日,这些伤病员驰骋疆场,令敌胆寒;如今,手无寸铁,怒目以对,悄然无声。敌团长火了,指着站在前面的一老一少凶巴巴地大声叫道:"听见没有?快说!"

这一老一少是父子俩。父亲叫伍文奎,儿子叫伍海泉,都是医院的护理班人员。伍家父子凛然不语。敌团长见状,挥动皮鞭狠狠朝伍海泉抽去。"不准打人!"伍文奎愤怒地上前抓住敌团长的手。敌团长用力挣开,突然掏出手枪:"不准打人?老子毙了你又怎么样?"说完,对着伍文奎开了枪。伍文奎应声倒地。

战友情、阶级恨,激起了所有伤病员的义愤!他们挥起了手中的拐杖、木棍,捡起地上的石头,向敌人发起了冲锋,高喊着:"打倒国民党反动派!""共产党万岁!"

"哒哒哒",机枪响了,雨点般的子弹落下,100多个伤病员倒下了。殷殷的鲜血,染红了雪地,融化了积雪,汇成了一条血河。他们,用信念谱写了不朽的人生。

▶▶ 微链接

贺页朵是江西省永新县的一位贫苦农民,井冈山斗争时以榨油为掩护,为党从事秘密工作。1931年1月25日,他光荣地加入了中国共产党。因为识字不多,这张由他亲手书写的布质入党誓词,24个字里有5个错别字,但这丝毫不会影响一个共产党对信仰的忠贞。1951年,这张见证了历史的入党誓词由贺页朵本人亲手交给了中央人民政府南方老根据地慰问团。现存中国人民革命军事博物馆。

贺页朵保存的入党誓词

七、浴血四十天

第三次反"会剿"战斗时，守卫桐木岭哨口的是宁冈四区赤卫队和王佐部的一个排，加起来不到一百人，枪不过五六十支，却抗击着一个营以上的敌军。

形势异常险恶。他们冒着漫天大雪，砍来大树，用树枝、荆棘筑起了一道道厚厚的"树墙"，浇上水，立时变成了"冰墙"。战斗打响后，他们凭借着有利的地形和不怕牺牲的精神，始终把敌人挡在河对岸。

由于黄洋界、八面山哨口的失守，桐木岭腹背受敌。接到指挥部的撤退命令后，两支队伍迅速分开转移。

大雪茫茫，队伍往哪里去？四区赤卫队的前身是交通班，改成赤卫队后未经训练就上了战场。负责人是原班长刘良益。刘良益认为既然敌人进了山，宁冈必然空虚，决定翻过金狮面回宁冈。

金狮面是茨坪北面的一座大山。别说正值寒冬，就是平常也很难翻越。

他们没有选择，只有迎难而上。他们踩着齐腿深的积雪，艰难地攀爬在无路的丛林中。没想到，三天后，在牛路坑却遇上了一百多个敌军！没有其他办法，只有撤退。可前面又出现了一座几丈高的悬崖！他们义无反顾地跳下了悬崖，来不及跳下的都被俘了。集合后清点人数，只剩27个人，大多数人都负了伤，鞋子不见了，原先身上带的几斤炒米也撒掉了。

留得青山在，不怕没柴烧。在刘良益的带领下，他们饿了吃把树皮，渴了填口雪，晓行夜宿，在大山里艰难行进。有的战士被雪冻掉了脚趾，雪地上留下一行行鲜红的血迹。

又过了三天，他们终于回到了宁冈。但宁冈也到处是敌人，他们只好再次返回深山，坚持斗争，靠着熟悉地形，白天隐藏，晚上出去袭击敌人，他们整整在雪山里坚持了40天。

这40天，如果不是靠信念的支撑，谁能坚持得了呢！

▶▶ 微链接

赤卫队与敌人英勇搏斗

八、"天天吃南瓜,打倒资本家"

1928年9月,红四军主力重回井冈山后,国民党军队加大了对井冈山革命根据地经济封锁的力度,军需的供应更困难了。以往,红军每天能吃上两顿红糙米饭,外加些番薯干、南瓜,还能勉强度日;可现在有时连一顿饭都很难吃上了,只能吃南瓜。

怎么办?毛泽东决定去看看战士们。

他选择了红军医院。伤病员要照顾好,否则,就会军心动摇。这是毛泽东历来的主张。

初冬的太阳,晒得身上暖暖的。老远,就听得一阵悠扬浑厚的歌声:

红米饭,南瓜汤,秋茄子,味好香,餐餐吃得精打光。

干稻草,软又黄,金丝被,盖身上,暖暖和和入梦乡。

毛泽东循着歌声走上前去,看见一群轻伤病员围坐在医院前,欢快地说笑着。多好的战士啊!

"唱得好啊!同志们!"毛泽东主动地向他们打招呼。

战士一看是毛委员,都鼓起了掌。

"同志们,这几个月生活很苦吧?"

"苦是苦一点,但我们不怕!""是的,我们苦惯了。""我们天天吃南瓜,还是要打倒资本家!"战士们争先恐后地说道。

"天天吃南瓜,打倒资本家!说得好!"毛泽东激动地大声说。

战士告诉毛泽东,曾志书记带领大家种了很多南瓜,足足可以吃上一个月呢!

自古是"当兵吃粮,按月发饷",谁见过这样一支军队,没有饷发,还要靠种南瓜养活自己?

只有共产党领导的具有坚定信念的红军,在艰苦的环境下还这么乐观向上!

九、为了心中的"印"

1928年1月,毛泽东率工农革命军攻克了遂川县城。24日,成立了遂川县工农兵政府,西庄的王次淳当选为政府主席。

西庄是遂川县革命的发源地。敌人对西庄的共产党人恨得要死,怕得要命。肖家璧反动民团多次到西庄烧杀掠抢,使西庄遭受了严重破坏。

1930年,红军撤出了遂川。肖家璧立马率反动民团窜入西庄,大肆捕杀共产党员、苏维埃政府成员、赤卫队员,把全村的老百姓押解到一起,搜寻红色政权印章。

红色印章是红色政权的象征。西庄的人民都知道,印章就保存在乡苏维埃政府成员、赤卫队员冯增恩手里,可是谁也不露一点风声。

"你们交不交印?"肖家璧把被抓的乡苏维埃政府主席李邦万、赤卫队长曾宝华等五花大绑,押到全村群众面前,威胁道:"不交,这就是你们的下场!"

敌人把李邦万、曾宝华枪杀了。

面对着淫威,面对着死亡,西庄的群众压住心中的仇恨,个个缄默无言。

敌人又把曾宝华的妻子、共产党员、妇女主任郭桂英及其独生子拖出,威逼她说出红色印章的下落。望着牺牲的亲人,郭桂英悲痛欲绝,但她坚定地挺起胸,对着肖家璧破口大骂:"肖屠夫,你不要高兴得太早!要杀要剐,有命一条,要印,你别想得到!"

穷凶极恶的肖家璧,竟下令将郭桂英母子活活打死!继而,将曾宝华一家三口的尸体,浇上汽油,烧尸毁迹。

曾宝华一家倒下了,西庄村人民站起来了。男女老少抱成一团,高呼:"肖屠夫!西庄人民不怕死,要想交印办不到!"

他们,誓死不屈,用生命护卫着大印。

这颗用生命保护下来的大印,如今静静地躺在遂川县革命纪念馆的陈列柜里,依然是那样璀璨,那样鲜红。西庄村的村民用鲜血铸就了理想和信念之魂。

▶▶▶ 微链接

革命成功,尽在民众。
——毛泽东

我们红军要与群众有盐同咸,无盐同淡。
——朱 德

井冈山时期工农兵苏维埃政府印章

第四篇
扎根靠群众

开篇语

"得民心者得天下。"井冈山的斗争，再一次充分地印证了这个亘古不变的道理。

对井冈山的原住民来说，红军是外来的人；对井冈山的农民武装来说，红军是外来的军队。红军是靠什么让井冈山当地的老百姓和农民武装接受，在井冈山站稳脚跟的呢？在敌军疯狂进攻和严密封锁的艰苦环境下，红军又是靠谁战胜一个又一个困难，并不断壮大自己队伍的呢？

中国共产党自成立之日起，就鲜明地亮出了自己的旗帜，要代表人民群众的根本利益。战斗在井冈山的红军官兵在共产党的领导下，始终把群众利益放在第一位，相继颁布了《三大纪律六项注意》《井冈山土地法》，为人民群众谋幸福，对群众利益秋毫无犯，宁愿自己受冻挨饿，也惦记着当地群众的冷暖；宁愿自己流血流汗，也要保护当地群众的安全。

红军把当地群众当亲人，当地群众就把红军当恩人。

于是，收粮送红军、送郎当红军……在当年的井冈山，红军与当地群众血脉相连，亲如一家。

正是因为这种军民的鱼水关系，井冈山革命根据地才始终立于不败之地，井冈山的红旗才永远不倒。

后来，毛泽东在总结井冈山斗争经验时，谆谆地告诫说："真正的铜墙铁壁是什么？是群众，是千百万真心实意地拥护革命的群众。"

一、一个红薯与三大纪律

红军队伍向黄坳行进。时近深秋，收获季节已过。战士们从大汾一路走来，个个饿得前胸贴后背。

"红薯！"不知谁突然发现路对面的山脚下竟然还有一块没有挖过的红薯地。一时，队伍乱了，战士们争先恐后地冲了过去，挖出红薯胡乱地洗一下，张口就吃。有的甚至洗都不洗，在衣服上擦几下，就狼吞虎咽地吃上了。

这是违反纪律的。曾士峨连长见状，忙赶过去制止。

毛泽东看到这一幕，心情沉重：这也是饥饿之下的本能。部队失利，战士一天没吃东西了，岂能责怪战士？可又如何做到对群众秋毫无犯呢？

毛泽东情急之下，突然想到一个主意，忙从衣兜里摸出一块银元，叫一位战士找来一块木牌，亲自在牌上写下一行字："我们是工农革命军，路过此地，因饥饿挖吃了你的红薯，现留下银元一块，作为赔偿。"

一个无言的行动，一种伟大的风范。战士们什么都明白了。

1927年10月24日，部队在荆竹山遇上了王佐派来的"联络官"，沿湘赣边界扩大政治影响的任务即将完成了。在一块叫"雷打石"的大石头前面的草坪上，毛泽东说了一番语重心长的话："同志们，我们就要上山与王佐总指挥的农民自卫军会合了。与山上的农民兄弟搞好团结，靠什么？靠规矩。我们是人民的军队，没有规矩不成方圆。现在，我宣布三条纪律：第一，行动听指挥；第二，不拿老百姓一个红薯；第三，打土豪要归公。这三条，大家能做到吗？"

"能！"众人异口同声地回答。

毛泽东的叮嘱，就像要去做客时，长辈对小辈交代的注意事项。后来从这三条纪律又进一步发展为"三大纪律六项注意"，成为红军炼就一支铁军的纪律保证。

▶▶ 微链接

毛泽东宣布三大纪律遗址——雷打石，位于井冈山茨坪西南面的荆竹山。这里因有一块被雷电击破从山上滚落的巨石而得名。1988年9月，井冈山市人民政府公布"荆竹山雷打石"为市级文物保护单位。

第四篇
扎根靠群众

二、大井访贫

1927年10月24日,工农革命军来到了大井。

第二天中午时,毛泽东信步来到大井路边。山清水秀,松涛鸟语,让毛泽东看到了一个新天地。他觉得:既然有了井冈山这么好的落脚点,就应该赶快着手恢复和扩大党组织,进行发动群众的工作了!

突然,不远处传来一阵嘈杂声。什么事?毛泽东见声音来自不远的一幢干打垒土屋,于是径直走了过去。

这是一位姓邹的老表家。原来因为家境贫寒,快要断炊了,夫妇俩正为今后的日子发愁呢。邹老表见有客人进来,不好意思地忙起身让坐,贤惠的婆娘赶紧从厨房里端出一碗红薯,笑道:"哎呀,唔好意思,也不知道怎么称呼你。家穷,出不起好酒菜,莫嫌弃,尝尝吧!"

"谢谢了。"毛泽东双手一摊,咧嘴一笑,"我比你们还穷,浪迹天涯,只有一根打狗棍啰!"

毛泽东的话,使邹家人感到很亲切。毛泽东接着说:"你们知不知道,我们穷人为什么穷吗?"

"命苦。人冇有用嘛。"邹老表见毛泽东谦逊可亲,像个穷秀才,说了心里话。

"不,穷人穷,不是天生的命苦,而是地主豪绅剥削的结果。穷人团结起来闹革命,就能有好日子。"

"唉!"邹老表喃喃说道,"我们斗不过人家呢。"

"斗得过。"毛泽东顺手拿起桌上的筷子,比划着,"你看,一根筷子一折就断,合起来,一把筷子就难折断了。革命也是这个道理。"

邹老表夫妇似乎明白了,不住地点头。

"请问客官,你是……"

"我叫毛泽东。从湖南那边过来的。"

"哦?该不会你就是那个叫毛委员的?"

毛泽东点了点头。

……

毛泽东在邹老表家坐了一个多时辰才走。

一场偶然的接触,变成了一次有意义的群众工作。

大井从此发生了深刻的变化,成了红军稳固的后方。这也是后来红军撤离井冈山后,敌人对大井那么痛恨、反复烧杀的原因。

如今,大井作为毛泽东在井冈山的故居所在地之一,成为后人了解井冈山历史的一个重要场所。

大井毛泽东同志旧居

三、一件棉衣暖人心

如今,一件棉衣已是非常普通的物品。可是,在八十多年前的井冈山斗争时期,棉衣可是弥足珍贵的东西,有多少人一辈子都未穿过棉衣、穿不起棉衣!到了冬天,只好蜷缩在灶门前靠着炭火度过寒冬。

1927年的冬天,风雪交加,天气格外的冷。工农革命军虽然打下了遂川,筹得了一些棉花、布匹,可被服厂赶制不及,还是有许多人没有穿上棉衣。毛泽东坚持让战士们先领,自己依然穿着两层单衣。

这一天,毛泽东因为作社会调查,住在茅坪的洋桥湖村。司务长给他送来了一件棉衣。毛泽东正想穿上,忽然想到房东谢槐福。谢槐福是个老实巴交的庄稼汉,一家人全靠他维持生计。秋收后,他还得顶风冒雪上山烧炭卖钱补助来年。

俗话说,世上般般苦,最苦烧炭工。砍树、装窑、出窑、卖炭等道道程序,哪样不是苦力活?诚如白居易《卖炭翁》所歌:

卖炭翁,伐薪烧炭南山中。满面尘灰烟火色,两鬓苍苍十指黑。卖炭得钱何所营,身上衣裳口中食。可怜身上衣正单,心忧炭贱愿天寒……

毛泽东决定把棉衣送给谢槐福。晚上,毛泽东把棉衣送到谢槐福房中,谢槐福说什么也不肯接。老谢知道:毛委员自己还穿着两层单衣,晚上办公冷得受不了时,总是把线毯披在身上!

毛泽东执意要谢槐福穿上,并亲自给他扣好,反复说自己正壮年,挺得住。

这是真正的人间温情。这件棉衣,伴随老谢走过了二十多个春秋。这种爱民惜民悯民之心,赢得了人民的爱戴和支持,是这支弱小的队伍为何能够赢得天下的最好注脚。

> **▶▶ 链接**
>
> **井冈山歌谣二首**
>
> 松柴烤火千里香,
> 穷人骨头坚如钢。
> 死了要埋井冈山,
> 活着就跟共产党。
>
> 过新年,过新年,
> 今年不比往常年;
> 工农革命军来到了,
> 又分谷子又分田。
>
> 朱毛红军这个"怪物",在我们看了这个报告以后,都可以一目了然。从他们几个时期的历史来看,已经很可以明晓他们两年来是在怎样的艰苦斗争,在困苦到"衣不得暖,食不得饱"的时候,还不改英勇直前的精神,卒至造成今日"有八十万武装,工农拥护"的巩固基础!
>
> ——周恩来作为1930年《军事通讯》的编者为陈毅的《关于朱毛军的历史及其状况的报告》所写的按语

四、木炭与鸡蛋

木炭与鸡蛋，原本是风马牛不相及的事。然而，这却是发生在井冈山斗争时期的一个爱心传递的动人故事。

主人公就是毛泽东。毛泽东宁愿自己受苦受冻，把自己的棉衣送给了房东谢槐福。谢槐福思来想去，不能白领毛委员的棉衣啊！他想到了一个好办法。晚上，与妻子点上了一盆炭火，一人端盆，一人挑炭，送到了毛泽东的住房。毛泽东见状，不好却了老谢夫妻俩的心意，硬是按照革命军的"三大纪律"办事，塞给了老谢一块银元，买下了这担炭。谢槐福夫妻俩知道红军的规矩，只好再次千恩万谢地离开了。

毛泽东没有动这担木炭。他在作社会调查时，认识了本村的一位孤寡老人魏殿娘。毛泽东待老谢夫妻俩离开后，把这担木炭给魏殿娘送去了。

魏殿娘亲眼看到这个人称"毛委员"的"湖南老表"，说的是为众人的话，办的是为众人的事，自己穿着两层单衣，心里却还记挂着一个孤寡老人过冬的事，真是天底下也难找的好人哇！

于是，魏殿娘带上了自己舍不得吃的半篮鸡蛋，送给了毛泽东。

一个鸡蛋一份情，礼如鸿毛情胜天。这次，盛情难却，毛泽东破例收下了。

但是，鸡蛋他依然没有吃，他又把鸡蛋送到红军医院去了。

这是爱心传递的佳话，也是共产党人关心他人胜过关心自己的高尚情怀。

五、一只黑母鸡

事情发生在 1928 年的 11 月间。红四军主力回到井冈山后,三战三捷,打开了井冈山武装斗争的新局面,恢复了大部分失地。

但是,连日征战,部队纪律也显得有所松懈。一天,三十二团一营三连连长游雪程得到一个汇报:不知是谁强买了茅坪葛藤坪村黄老婆婆家里留着过年的一只黑母鸡,黄老婆婆很有意见。

游雪程连长知道,一只鸡的事虽小,而且也付了钱,但强买的行为与国民党军队有何区别?当即召开大会进行甄别。

可是,全连士兵都表示没有做过此事,甚至信誓旦旦,对天起誓。游连长不信,继而改为暗中搜查证据。可将驻地每一个角落都搜遍了,还是一无所获。

事情到此,按理也就应该作罢了,但游连长没有放弃。原因很简单:要打造一支真正的新型人民军队,不能放过任何一件小事。

战士们被游连长的严肃认真态度感动了,一起帮助调查此事。战士王德厚提示,会不会是隔壁村的一连士兵做的呢?游雪程觉得有道理,派人到一连的驻地一调查,果然是一连的战士曾德生等人干的。游雪程马上与一连连长徐彦刚作了通报,徐彦刚连长立即作了处理。犯了错误的几个战士接受了处分,并登门向黄老婆婆赔礼道歉。

自古治军难。秋毫无犯,说得容易做则难啊!井冈山的红军战士不仅说得好而且做得好,"三大纪律六项注意"是铁的要求。这样的军队,老百姓怎能不拥护呢?

毛泽东在塘边给房东周香姬挑水用过的水桶

六、喜送"翻身粮"

共产党和工农革命军在井冈山的革命行为和主张,点燃了井冈山人民心中革命的烈火,使井冈山的人民群众看到了新的曙光。特别是土地革命政策,更使世代缺田少地的贫苦大众获得了实实在在的利益。

土地是农民的命根子。1928年5月,宁冈县的农民分到了田,个个真是乐开了怀。憨实淳朴的老百姓,最早喊出了"共产党万岁!"的口号。

这一年,宁冈县获得了史上最好的收成。

东源麻上村的邱祖德更是高兴得睡不着觉。往年尽管起早摸黑,可年年交了租谷后,就是野菜、薯干和泪煮,吃了上餐愁下餐啊。

今年不同了,他家分了几十亩地,共收了近4000斤谷子,按照土地税应交公粮700斤,还剩3000多斤!

邱祖德心里最清楚:翻身搭帮革命军,幸福全靠共产党。穷人和红军是心连着心,打断骨头连着筋。谷子晒干后,他领上一家人,推车的推车,肩挑的肩挑,从东源到茅坪来回跑了五趟,硬是送交了1000斤粮!

邱祖德除了应交的公粮,还多交了300斤。此事当时在宁冈反响很大,很多人都向他学习,纷纷多交公粮。

300斤谷子,对邱祖德家来说是个大数目,对5000多人的红四军来说,却只够打个"牙祭"。但是,300斤谷子,一粒谷子一份情,又岂能用秤称得出重量?

这就是:军爱民,民拥军,军民团结如一人,试看天下谁能敌?

>> 微链接

彭德怀送给群众贺南梅的铜火炉

画说井冈

七、巧送红军盐

第三次反"会剿"失败后，红五军被迫撤离了井冈山。红三十二团也只得转移到深山老林坚持斗争。

1929年初的雪下了足足40天。退入深山的红军官兵断粮、断盐，全靠吃树皮、草根和积雪度日。

更可恨的是，国民党反动军队占领井冈山后，烧杀抢掠，残酷镇压共产党人，对进出山村的道路进行了严密封锁，企图将红军将士冻死、困死、饿死！

聂槐妆是茅坪乡妇女主任。这天，她又接到了党组织的指示，要她利用未暴露的身份，务必将一些食盐送上山去。为了给红军送粮送盐，聂槐妆和她的同志们曾想了很多办法，但都被敌人识破了，有几位同志还英勇牺牲了。如今，要将盐送上山，真是比登天还难。

怎么办？半夜了，聂槐妆依然坐在油灯前，苦思冥想上山之计。由于心烦，抽出的鞋绳把油灯碰翻了，半盏清油倒在了她的衣衫上。当她重新点上灯，一个新奇的主意冒上心头！她连忙操作起来。

天亮了，聂槐妆大大方方地上路了。离开哨卡后，聂槐妆赶紧转入深山，找到了红军的宿营地。当她脱下棉衣交给营长，把藏盐的秘密告诉大家后，同志们无不对她的聪颖赞不绝口！

原来，她把盐溶化在水中，用棉衣吸进盐水，再烘干穿在身上。聂槐妆从此用这种方法为红军多次送盐。

但是，她频繁外出的行迹终于引起了敌人的怀疑。一次，在她送盐回来时，敌人抓住了她，对她进行了严刑拷打，但任何手段都无法撬开聂槐妆的嘴。穷凶极恶的敌人将她杀害了。这年，她只有20岁。

聂槐妆没有留下子女，却留下了当年红军与老百姓鱼水情深的见证。她的壮举，成了电影《闪闪的红星》主人公潘冬子送盐故事的原型。

八、保卫黄洋界

红军上了井冈山以后,为了抵御敌军的进攻,依据井冈山的山势,在山上设置了黄洋界、八面山、双马石、朱砂冲、桐木岭等五大哨口。其中,黄洋界是井冈山北面的要隘,就是在这个哨口,红军演绎了一场依靠群众、以少胜多的经典战斗。

1928年8月下旬,国民党军队趁井冈山红军主力远去湘南、根据地兵力不足之际,组织了四个团从湖南、江西分两路进攻黄洋界哨口,企图攻占井冈山。当时山上红军只有不足一个营的兵力。面对比自己强大几倍的敌人,红军战士没有丝毫畏惧,而是准备誓死保卫根据地。

得知敌人进攻黄洋界的消息,井冈山上的群众自发组织起来,青壮男人和赤卫队与红军一起进一步加固工事,帮助红军官兵在大陇和茅坪通往黄洋界的小路上修筑了"五道防线":竹钉阵、壕沟阵、竹篱笆墙、滚木礌石和哨口工事。妇女和老人日夜赶削竹钉,儿童团站岗放哨,防奸保密。

8月30日清晨,敌人发动了进攻。当敌人进入红军哨口第一道防线后,整个山头红旗招展,枪弹齐鸣,打得他们乱作一团,争相逃命,却正好踩在被杂草盖着的竹钉上,有的刺中了脚跟,有的刺穿了脚板,疼痛难忍,鬼哭狼嚎。一道道防线让敌人胆战心惊、寸步难行。战斗一直打到下午三时,敌军才攻破红军的第四道防线。敌人恼羞成怒,在猛烈的炮火掩护下倾巢出动。红军营长陈毅安指挥赤卫队等将滚木、礌石、炸药包一齐向山下砸去,还有群众在煤油桶里点燃了鞭炮,哒哒哒……如同一挺挺机关枪怒射的声响,吓得敌人左躲右窜。隐蔽在各个山头上的妇女会、儿童团等众多群众,有的摇旗,有的吹号,"杀呀!""冲啊!"巨大的怒吼声在山谷中久久回荡,震耳欲聋。就在这危急关头,红军战士们抬来了修械所刚修好的一门迫击炮和三发炮弹,架放在工事最前沿。由于炮弹受潮,前两发炮弹均未打响,营长陈毅安沉着指挥,所幸第三发炮弹打响了,而且打中了敌人的前线指挥所。敌军惊恐万状,又见山下红旗招展,山上炮声隆隆,就误以为毛泽东、朱德已率红军主力回到井冈山,便不敢再贸然进攻了,急忙命令向后撤退,连夜逃回湖南的老巢去了。从茅坪方向进攻的江西敌军两个团,刚走到半路,听到湘军已经败退的消息,吓得再也不敢前进,立即掉转头退回了永新。

毛泽东在率红军主力回归井冈山途中,闻讯吟就了著名的《西江月·井冈山》。词云:

山下旌旗在望,山头鼓角相闻。敌军围困万千重,我自岿然不动。

早已森严壁垒,更加众志成城。黄洋界上炮声隆,报道敌军宵遁。

九、龙关秀与她的"宝贝儿"

工农革命军来到井冈山后，宁冈全县的穷苦百姓扬眉吐气，纷纷投入到这场伟大的革命洪流之中。柏露斜源村的龙关秀也积极地投身革命，成了红军的交通员。

1929年1月，为了打破国民党湘赣两省军队的第三次"会剿"，红军决定实施"围魏救赵"的策略：红四军主力绕道敌后打击敌人，留下红五军和红三十二团担任守山任务。

这是一场殊死拼杀。守山红军与敌鏖战了三昼夜，终因敌众我寡，反"会剿"失败了。红五军被迫撤出井冈山，前往赣南追赶红四军，红三十二团转入深山老林坚持游击斗争。

岂知，连续四十天的大雪将红军困在山中。红三十二团的官兵们斗风雪，食树皮，住岩洞，餐风饮露，弹尽粮绝。

龙关秀接到组织上要她送粮食上山的命令后焦急万分。一边是敌人的严密封锁，一边是亲人的翘首以待，昔日用过的办法已经不能再用了，怎么办呢？

半夜时，龙关秀突然想到一个主意。

龙关秀缝制了一个极似她的"宝贝儿"的米袋，伪装成她的"宝贝儿"，冒险送粮上山。

这是个好主意。就这样，龙关秀成功地骗过了敌人哨口的盘查，从敌人的眼皮底下将粮食送了出去。

没想到，当第三次照计进行时，却被村上一个二流子躲在窗外看见了。这个二流子早就对龙关秀垂涎三尺，未想到竟然发现了这个秘密。

这一次，二流子跟踪了她。龙关秀紧紧地护住"宝贝儿"，与"尾巴"玩起了"捉迷藏"。二流子被甩掉后，恼羞成怒，告发了龙关秀。敌人抓住了龙关秀，对她进行严刑拷打，要她说出红军的藏身地点，龙关秀坚贞不屈。敌人气急败坏，烧毁了她家的房子，杀害了她和她不满周岁的孩子。

龙关秀，用她的生命谱就了一首军民鱼水情深的赞歌。

十、一副对联

在江西省宁冈县砻市龙江书院前厅右侧的石拱门两边,至今还保留着这样一副对联:

白军里将校尉饮食不同
红军中官兵伕薪饷一样

这是一段红军民主生活的佳话。

工农革命军在三湾改编以前,部队官兵的待遇是等级森严的。官大一级压死人,当官的威风凛凛,吃的是小灶,每餐三菜一汤,战士吃的是大锅饭,清汤寡水;当官的随意打骂士兵,美其名曰"鸟是养出来的,兵是打出来的",普通士兵没有一点政治地位。

毛泽东觉察出旧军队这种严重的弊端后,在三湾对这支部队进行了改编,并在连以上建立了士兵委员会,打破繁杂礼节,实行官兵平等,士兵有开会说话的权利,士兵委员会监督官长,帮助管理伙食。

为了建设新型的人民军队,毛泽东、朱德等军中领导以身作则,率先垂范,以实际行动与战士们同甘共苦;除粮食外一律吃五分钱的伙食,发零用钱,两角即一律两角,四角即一律四角。

红军推行的这些新制度,使士兵们真正感到了新旧军队的不同。尤其是新来投诚的敌军士兵,经常判若两人:同样一个兵,昨天在敌军时不勇敢,今天在红军队伍里很勇敢。红军像一个火炉,投诚的士兵过来马上就会融入其中。

就这样,当第三次"会剿"即将到来之际,一位从白军起义过来的军官,情不自禁地在龙江书院写下了这副对联。

这样的军队才能战无不胜、攻无不克!

▶▶ 微链接

龙江书院:位于江西省原宁冈县砻市,始建于1840年,原是边界宁冈、酃县、茶陵三县客家人的最高学府。1927年11月中旬,工农革命军在此创办了第一期军官教导队。1928年4月底,毛泽东同志和朱德同志在龙江书院会面。

画说井冈

十一、"有盐同咸，无盐同淡"

井冈山的斗争异常艰苦。国民党为了将红军扼杀在摇篮中，除了发动频繁的军事进攻外，还对根据地实行了严密的经济封锁，宁冈、永新两县食盐完全断绝。这种情况使毛泽东、朱德等感到十分着急。

1928年的一天，朱德带领第28团到碧州村开展工作。朱军长与通讯员进到大山里面，看到有一座茅棚，于是大步走上前去。通讯员敲了好久的门，才从屋里走出一个手拄拐棍的老人，颤颤巍巍的，似乎病得不轻。

"老人家，您病了？"

老人无声地摇了摇头。

"老大爷，红军和穷人是一家，您莫客气啊！"朱军长以为老人客气，解释说，并嘱咐通讯员去请医生过来。

"红军兄弟，不是我客气。我没有病，是因为没有盐吃啊！"老人凝思良久，终于说出了心里话。

原来，老人是长期缺盐才这样的啊！朱德顿时一阵心酸，当即嘱咐通讯员明天送包硝盐过来。

"这不行，你们自己也缺盐。我老了，不能拖累你们，你们要为百姓打仗啊！"老人家一时动情，禁不住潸然泪下。

"不，老人家。俗话说得好：有盐同咸，无盐同淡。你们是红军的衣食父母，红军再苦也不能忘记你们！"朱军长满怀深情地说，并安慰老人要注意保重身体，然后又到别处去了。

第二天，通讯员再次敲开了老人的家门，交给了老人一包硝盐。

老人再三辞谢。通讯员急了，说："收下吧，您不收的话，朱军长要批评我呢。"

"什么？昨天的那位就是朱军长？"老人手捧硝盐，突然跪倒在地，磕头长揖，"苍天啊，请保佑朱军长，保佑红军！"

老人的真挚话语，说出了当年井冈山老百姓的心声。

画说井冈

十二、陈毅割稻

1928年的井冈山，禾苗长得特别好。十里八乡的老百姓看在眼里，喜在心头。

没想到，一场"八月失败"给根据地带来了巨大的损失，被杀之人、被焚之屋不计其数。有些地方还出现了"农民种田，地主收谷"的现象。

9月底，红军主力从湘南回到井冈山。红四军数战皆捷，收复了大部分失地。为了保护各地农民早日收获辛苦半年的血汗谷，毛泽东、朱德、陈毅从全军抽调人员分散于各地帮助秋收。

陈毅率一小队战士来到大井。陈毅是个"大秀才"，出过国，喝过洋墨水，本已久疏农事，可他却一点也没有知识分子的架子，高挽裤腿，挑谷、打谷，样样在行。

一天，陈毅来到一个叫铁坑村的地方，发现大部分田地已收割完毕，唯独靠山边还有几丘未开镰。这是怎么回事？陈毅当即回到大井乡政府，一问，原来是邹老倌家的。邹老倌儿子参军了，儿媳也从洗衣队调到小井医院帮红军伤病员洗衣服去了，而邹老倌偏偏在这个节骨眼上病倒了。

群众的利益大于天！"马上组织人员帮助抢收！"陈毅对大井乡政府干部下达了指示。

由于延误了收割期，稻子出现了断穗现象，掉得满田都是。陈毅带领大家一穗一穗地捡起来，并语重心长地说："一粒谷子一滴汗，来之不易，不要造成浪费啊！"战士们听了，都十分感动。

谷子割回来了，邹老倌一家十分感谢。

陈毅说了一句话："不用感谢。谁叫我是红军，是个共产党员呢！"

一句话，很实在，很真诚，让人听后感到很贴心。

这，就是当年的共产党人！

▶▶ 微链接

永新县贺云桂的土地税免税证明书

选举通知书

第五篇
热血铸青春

开篇语

这是一个个鲜活的人物,这是一个个真实的故事。

在那艰苦卓绝、异常惨烈的井冈山斗争岁月里,一群具有远大理想、坚定信念的革命者,他们衣不蔽体,食不果腹,担当着民族大任,过着艰难困苦的生活。然而,这些时代的精英们,他们始终无怨无悔,笑对死亡,心里想的是党的事业,想的是劳苦大众的翻身与解放。

他们中的很多人,有着一个富裕的家庭,完全可以过着优渥的生活;他们中间,既有七尺男儿,也有巾帼红装;他们为了胸中的抱负,"背叛"了家庭,告别了亲人,齐聚到共产党的大旗下,向着光明、向着胜利,毅然决然地上了井冈山。

他们是一群年轻的英雄,大的未及不惑之年,小的还在花季,正当青春韶华时,却把鲜血洒在了五百里井冈的土地上。黑格尔说过:"一个民族有一些仰望星空的人,这个民族才有希望。"他们就是中华民族仰望星空的人。他们仰望星空,期待星星给那些在黑暗中生存的穷人以光明,但星星被乌云遮住,于是他们便将自己的鲜血,化作一道道红光,照亮那些在寻路的奋斗者们。

虽然他们已经逝去,可他们的拳拳之心,他们的奉献精神,永远留在了人民的心中,化作井冈山那一座座高耸的山峰,挺立在中华大地上,让后人永远仰望着、思念着。

他们,是真正的勇士。

一、芦溪雄魂

卢德铭，一个响亮的名字，一个值得我们永远缅怀的人。

毛泽东在文家市召开会议后，工农革命军开始向萍乡撤退。可是，萍乡驻有敌方重兵，部队无法通过，只能绕道芦溪，寻找出路。

没有想到，9月24日，天刚蒙蒙亮的时候，部队突然遭到赣敌朱培德特务营的袭击。为了掩护部队撤退，卢德铭挺身而出，迅速指挥应对这场突来的袭击。正当卢德铭打败敌人准备率队撤离的时候，一颗罪恶的子弹夺去了他年轻的生命，时年仅22岁。

卢德铭是四川自贡人。在那风云激荡的岁月，他英勇投身革命。1924年报考黄埔军校，经孙中山先生亲自主考，录取在黄埔二期。毕业后，分配在叶挺领导的第四军独立团。在征讨军阀陈炯明的战役和北伐战争中屡建奇功。1927年初，出任警卫团团长。秋收起义爆发后，受党指派担任起义部队总指挥。

他是战功卓著的战将，同时更是毛泽东的得力助手。他深受革命军官兵的拥戴。

他完全可以不亲自走在战斗的前线，有理由在指挥所里指挥战斗。但是，为了更快地消灭敌人，为了官兵们更早地脱离危险，他没有恐惧，谨记着自己的责任，践行了一个共产党人的担当精神。

他走了，走得太早。他不应在此时离去。因为，还有许多军务等着他去处理。

然而，卢德铭牺牲了。消息传开，全军将士悲痛万分，毛泽东怆然泪下，仰天长啸："还我德铭！"

卢德铭空手而去，只留下了一副对联：

问客何来，想是仙风吹到；
留君不住，须当明月照归。

是的，他乘东风而去，他有明月照归。卢德铭，用他的血肉之躯谱写了一首悲壮的信仰之歌。

> **微链接**
>
>
>
> **卢德铭**（1905-1927），又名继雄，字邦鼎，号又新，四川自贡人，中共党员。1925年任国民革命军第四军独立团二营四连连长。卢德铭在1926年北伐中升任二营营长，兼任四军二十五师七十三团团长参谋。1927年，卢德铭担任秋收起义总指挥，为掩护部队突围而壮烈牺牲。江西省萍乡市芦溪县修建有卢德铭烈士革命陵园。2009年卢德铭被评为100位为中华人民共和国成立作出突出贡献的英雄模范之一。

二、"背叛者"龙超清

龙超清,江西省宁冈县鹅岭乡塘南村人,1905年出身于一个官宦之家。父亲龙钦海是江西省参议会的参议长,在当时无论地位、权势、影响都是首屈一指。

龙超清少年时期就很有正义感。九岁时,他被父亲带到南昌上学。都市里的所见所闻,让他难以理解,他深深地觉得"朱门酒肉臭,路有冻死骨"的诗句写得很有道理。

龙超清的言行,被他嫂子肖国钰的姐姐肖国华看在眼里,记在心里。肖国华是党早期的妇女领导人。在肖国华的培养下,龙超清于1925年加入了共产党,为井冈山革命根据地的创建立下了赫赫功劳。

宁冈是个封闭的山区,龙超清以他特殊的地位,团结了一批有识之士,最早建起了农会、工会、学生会、妇女联合会,成立了由他任书记的第一个党支部,把边远山区的国民革命运动开展得轰轰烈烈。

北伐开始后,龙超清策动了袁文才率保卫团起义,成立了宁冈县人民委员会,组建了宁冈县委,他既是委员长又是书记。"马日事变"时,别地血流成河,宁冈却保存完好。他领导土、客两籍革命派相结合,领导了宁冈达一年之久,为毛泽东引兵井冈打下了深厚的政治基础。

毛泽东上山时,他最早与毛泽东接头,协助毛泽东与袁文才见面,动员袁文才打开"山门",顺利地实现了工农革命军在井冈山安营扎寨的计划。

在井冈山斗争中,他是湘赣边界第二届特委委员、特委候补常委、特委执委、赣西南特委委员。

不幸的是,正在龙超清要大显身手之际,1931年却被当成"AB团"错杀了。

他的一生本可以很安逸、很幸福,但他得到的幸福却很有限,他把永远的幸福献给了人民。

>> 微链接

前委:即前敌委员会,亦称前线委员会。是中国共产党在革命战争时期,为组织领导某一地区武装起义或组织指挥重大战役而设立的高级领导机关。一般设书记一人,委员若干,向设立它的党组织负责。1928年根据中共中央指示在井冈山茨坪成立的红四军前委,统一领导军队和地方党组织的工作,为边界最高领导机关。

特委:即特别委员会。在中共一大到五大期间的组织章程中,并未设置特委,但又存在大量的"特别委员会"。它们有的是临时设立的,有的则肩负特殊使命,因而在"委员会"前加上"特别"。井冈山斗争时期的湘赣边界特委,是领导边界各县地方党组织的最高机关。

红四军军委:即"中国共产党红四军委员会"的简称,1928年4月朱毛会师后,在宁冈砻市成立,为全军党的最高领导机关,毛泽东被选为第一任军委书记。

三、两个"山大王"

红军能够上井冈山,并能扎下根,两个"山大王"的作用非常关键。

早在毛泽东带领秋收起义部队上山之前,井冈山上就有了两支有名的农民武装,两支武装的头领分别叫袁文才、王佐。

袁文才、王佐二人,都生于1898年,出身于农民家庭,客家人。袁文才,宁冈县茅坪马源坑人。早年曾就读私塾,念过中学,后因家庭困难而辍学。因受土豪劣绅压迫,家破人亡后被迫投奔绿林军"马刀队"。由于他有文化,善计谋,逐渐成为马刀队的头领。王佐,遂川县下庄人。早年丧父,家庭贫困,先是学做裁缝,后又改学武艺,练就一身好功夫。因不堪残酷压迫,被迫拉起一支武装队伍,拥山为王,渐成势力。袁文才、王佐二人因同年所生,遂义结金兰。一个在茅坪,一个在茨坪,互为犄角,雄踞井冈。

大革命开始后,宁冈、遂川两县党组织先后把他们争取下山,他们的队伍改编为农民自卫军,袁文才、王佐也分别担任了两县农民自卫军总指挥。袁文才于1926年冬加入了共产党。大革命失败后,湘赣边界各县的党组织大部分遭到破坏,枪支被敌缴去,唯袁文才、王佐队伍各自保留了60条枪,坚持与敌斗争。"马日事变"后,袁文才、王佐两支队伍还联手攻打永新,二人还同时担任了赣西农民自卫军副总指挥。

毛泽东引兵井冈后,袁文才、王佐打开山门,接纳红军,送钱赠粮。在工农革命军的帮助下,袁文才、王佐的队伍得到改造,发生了很大变化。1928年2月,在袁文才、王佐二人的主动要求下,他们的队伍被升编为工农革命军第一军第一师第二团,袁文才任团长,王佐任副团长。王佐还由党代表何长工介绍加入了共产党。从此,他们走向了新生。

然而,这两位对革命十分忠诚的同志,没有倒在枪林弹雨的战场,却倒在了"左"倾肃反错误的子弹之下,于1930年2月被错杀。从此,红军在井冈山失去了根基,井冈山从红区沦为白区将近20年之久。尽管后来红军多次想重上井冈山,恢复根据地,但终因没有群众基础而无功而返。

建国初期,在毛泽东的关怀下,袁文才、王佐得以平反,被追认为革命烈士。

四、一代巾帼英雄的"梦"

战争让女人走开。

可是，在井冈山斗争的硝烟中，却有一批杰出的女性，她们与革命战争的命运紧紧连在了一起。

贺子珍、伍若兰、曾志、彭儒、吴仲廉、康克清、贺怡、段子英、聂槐妆、吴月娥、龙关秀……一个个闪光的名字，组成了一代巾帼英豪的群雕，镶成了一个秀美绝伦的花环，永远闪耀着不灭的光彩。

她们，都有一个美好的梦。可是，万恶的旧社会制度打碎了她们的梦想。为了追求梦想，她们毅然反抗，踏上了革命的征程。

她们没有想到，追梦是如此的艰辛，在井冈山上，局面是如此惨烈。前有堵兵后有追兵，比所有励志故事都豪壮都残酷。她们被包围被封锁被孤立被追杀，几乎所有人都认为她们会被堵死围死困死饿死冻死累死……但她们不仅挺住了而且逆袭了。历经无数枪林弹雨，经受无数血与火的磨炼，她们用鲜血和生命，与蒋介石的军队殊死斗争。

她们，在井冈山上，承受着比男同志更多的艰辛。为了追梦，她们不但挺住了而且适应了。吃南瓜，喷喷香；睡稻草，暖洋洋。站着，是一杆铮亮的枪；倒下，是一堵不可跨越的墙！

正是靠着这种坚定的信念，她们不让须眉，凭着滚烫的热血、不屈的脊梁，相信自己的选择，践行着自己的承诺，紧紧跟着共产党，视百姓为父母，严守纪律，秋毫无犯，为主义而牺牲，虽九死犹不悔。

她们中，有的人倒下了，梦想凝就在井冈山的哨口工事；有的人活下来了，梦想织进了共和国的脊梁。

是信念与作风，使她们与战友们一起，保卫了革命摇篮；是血雨与刀枪，成就了梦想。

▶▶ 微链接

伍若兰（1903年—1929年），朱德的妻子。

1903年3月生于湖南耒阳县。1924年在湖南省立第三女子师范学校读书时加入中国社会主义青年团。1926年加入中国共产党。毕业后回耒阳县从事农运工作，任县妇联会主席。1928年春参加湘南暴动，认识朱德，并与之结婚，后随朱德奔赴井冈山。曾任红四军政治部宣传队长。1929年2月1日，在红四军从井冈山向赣南挺进途中，遭遇国军刘士毅部队突袭，被捕。2月12日，在赣州遭到杀害。

95 | 第五篇
热血铸青春

井冈山上第一位女红军

井冈山斗争时期,有一位奇女子,是井冈山上的第一位女红军,她就是毛泽东的第二任妻子,名叫贺子珍。

贺子珍是永新县烟阁乡黄竹岭人,父亲是一位乡绅,原本衣食无忧。贺子珍在永新女子学校求学期间,深深感觉到这个世道太不公了,期待着一场天翻地覆的大变动!

1925年,孙中山逝世,举国哀悼,永新县也专设悼念会场。贺子珍所在的学校却竭力阻挠女学生参加。她挺身而出,据理力争,率领同学们着白衣白裙走出校门,赶赴悼念会场。

贺子珍坚强无畏的性格,使她不贪恋家庭的衣食无忧,毅然走上了革命者的道路。

1926年后,在外求学的永新共产党人欧阳洛、刘真等被派回家乡,贺子珍在兄长贺敏学和欧阳洛等人的影响下,参加了共青团。不久担任了国民党永新县党部妇女部长。

1927年6月,国民党反动派突然发动政变,将贺敏学、胡波等八十多个共产党员和革命群众抓进了监狱。已是共产党员的贺子珍闻讯后,即与撤至吉安的刘真等人紧急会商,决定派人前往宁冈,联系贺敏学的同学、好友袁文才,让他出面,再联络遂川、安福、莲花的农军,进行营救。

7月18日,袁文才、王佐两部率先攻入永新县城,救出了被关押的同志。后来,敌人疯狂反扑,贺子珍与贺敏学等一道随袁文才撤往宁冈坚持斗争,成了井冈山上的第一位女红军。

毛泽东率部上山后,贺子珍被袁文才派到毛泽东身边工作,得到了毛泽东的信任。她协助毛泽东对茅坪附近村庄进行调查,帮毛泽东抄写调查报告,又陪同毛泽东深入永新县塘边、秋溪等地进行分田试点工作。有一次他们在塘边村遭遇反动民团。危急之下,贺子珍将毛泽东装成痨病病人,往毛泽东脸上抹了一把灰,又杀了一只鸡,把血滴在床前,自己在床前嚎啕大哭,才骗走了匪兵,救了毛泽东一命。

塘边村脱险后,贺子珍与毛泽东的感情迅速升华。1928年5月,贺子珍与毛泽东在茅坪结为伉俪。婚礼仪式在茅坪的象山庵举行。热心的袁文才做了几个好菜,请了两桌客人,大家热闹一下,就算喝了喜酒。

贺子珍和毛泽东从1928年到1938年患难相处了10年之久。10年中共生了6个子女,但只存活4个。其中3个孩子因红军转移被留在苏区,不知音信,下落不明。唯一存世的女儿李敏曾任北京师范大学党总支书记等,已经退休,如今过着普通老百姓的生活。

贺子珍雕塑

曾志托孤

曾志，湖南宜章人，1928年随工农革命军上井冈山。曾任小井红军医院党支部书记等职务，参加过著名的黄洋界保卫战。她在井冈山托孤的故事，现在读来还令人动容。

1928年的冬天，对于曾志来讲，实在是太残酷了。这种残酷来自多个方面：一是她刚刚生下孩子，湘赣两省的国民党军队对井冈山又开始了第三次"会剿"。原本就体质羸弱的她，此时更虚弱了。井冈山本来就缺医少药，不幸的她还在难产后患上乳腺炎、产褥热等疾病。二是由于敌人的经济封锁，连个鸡蛋都吃不上。曾志没有奶水，孩子不见长不说，饿得总是哭，作为一个母亲，心里更加酸楚。三是气候十分寒冷，天天严霜加厉风，衣着单薄的母子俩几乎是坐在床上度日的。

但是，更严峻的事情又来了。一天，她接到了毛泽东写来的一封信，告诉她要随军出发，出击赣南，并要立即做好准备，赶至茨坪。曾志知道，军人以服从命令为天职。可孩子怎么办？带着孩子又怎能在这天寒地冻中行军突围？

必须留下孩子。她无法与孩子的父亲蔡协民取得联系。作为红四军主力团二十八团的党代表蔡协民，此时正在军中忙于军务。曾志果断地叫人请来了王佐。

王佐平时就很佩服这位身材瘦小的小井红军医院党支部书记，佩服这位年轻的母亲。王佐找来了自己手下的警卫连石副连长，给孩子取名为石来发。望着瘦小的孩子，望着冒着风险为自己收养孩子的红军兄弟，曾志泪流满面，在孩子身上塞进了仅有的一块银元，双腿一软，跪了下去。

后来，石副连长一家都牺牲了，石来发跟着一位瞎眼老婆婆靠乞讨长大。1952年，在井冈山地方政府的帮助下，曾志找到了这个已经长大成人的孩子。这时曾志已是中南局工业部副部长兼广州电业局局长、党委书记，成为中国共产党的高级干部。母子相见，百感交集。曾志何尝不想让儿子留在自己身边呢？但是，她并没有用自身的权力为她魂牵梦绕、几经周折找到的孩子谋取任何利益，而是选择了把他送回井冈山继续当农民。

后来，曾志担任了中组部副部长。直到她去世，她的儿子石来发仍在革命老区井冈山务农。现在，石来发的儿女们依然在井冈山过着普通人的生活，没有要求政府任何特殊照顾。

五、陈毅安的"红色家信"

陈毅安，湖南湘阴人。履历很简单：1905年出生，1924年入党，1927年参加秋收起义，是黄洋界保卫战的指挥员之一，历任红四军连长、营长、副团长，红五军副参谋长、参谋长，红三军团第八军第一纵队纵队长。1930年8月在攻打长沙的战斗中牺牲，时年25岁。

陈毅安的人生，太简短了。但是，他简短的人生却闪烁着璀璨的光辉。

陈毅安是个才华横溢的热血青年，黄埔军校第四期毕业的高材生。他有一个聪明贤惠的妻子叫李志强。两人志同道合，感情甚笃。哪怕是戎马倥偬，他也常常给她写信。

他一生写给李志强的信，保留下来的有54封。封封都带着征尘，带着硝烟，带着憧憬，带着理想，显示着高尚的人生观、价值观、爱情观。现在，这些都是国家的一级革命文物。

以下是其中的一封：

"我们是有阶级觉悟性的青年，担负了世界革命的重大使命，我们难道恋恋于儿女的深情吗？没有一点牺牲的精神吗？我们绝对不是这样！我们都是受了马克思主义深刻的训练的，他早已告诉了我们'儿女的深情早已在利害计较的冰水中淹死了'。在私有制度未打破以前，一切关系都是经济的关系。我们虽有许多恋爱的关系，但是离不掉这个刻薄忧情的现金主义的社会……思前想后，除了我们努力革命，再找不出别的出路。"

这是普通的家信吗？它是"恋爱真精神"——真正的爱情观的坦诚表述！他的爱情观不仅成为指导人生的重要坐标，而且已经上升到与国家利益相结合的高度。

陈毅安是中国的裴多菲。

▶▶ 微链接

陈毅安在黄洋界保卫战中使用的炮

六、井冈山上的"关云长"

井冈山上的"关云长"叫张子清。

张子清是湖南益阳人,1925年加入共产党,参加过北伐战争,做过政治宣传工作,也任过军校军事教官,可说是文武双全。1927年9月随军参加秋收起义,担任工农革命军第一团第三营营长。

可是,这样一个有勇有谋的军政人才,却在大汾战斗突围时,率领整个三营不知去向!

一时,关于张子清的猜想评判什么都有,甚至有人说他投降了。毛泽东不相信,并以历史上关云长的经历与人打赌:张子清会回来的。

毛泽东说准了。一个月后的"茶陵风波"时,张子清不仅率三营回来了,救了茶陵的"火",还带来了朱德部的消息。原来他们当时走反了方向,走到湖南桂东去了。

"关云长"的外号由此传开。

张子清就是红军的"关云长"。他归队后担任了工农革命军第一团团长,靠着善谋善战,协助毛泽东开创了井冈山根据地的割据局面。

1928年4月下旬,为掩护朱德、陈毅部队安全转移,张子清在酃县接龙桥战斗中不幸踝骨中弹。由于当时医疗条件太差,没有麻醉药,张子清在手术过程中硬是咬紧牙关坚持两个多小时,几次昏厥过去也没有吭一声。可惜弹头太深,最后还是没能取出来。他的这种坚强,比关云长刮骨疗毒还要动人。

他这个"关云长",心中只有别人,唯独没有自己。后来他的脚发炎了,战士们凑了些盐给他消毒,可他舍不得用,送给了那些最需要盐消毒的重伤员。第三次反"会剿"时,他坚持不拖累主力部队,主动要求留下担任参谋长,协助彭德怀守山,几次坐在担架上亲自到哨口安排战斗部署。

可惜,这位红军的"关云长",最终没能躲过病魔,因伤口恶化牺牲了,终年仅27岁。

▶▶▶ 微链接

小井红军医院旧址

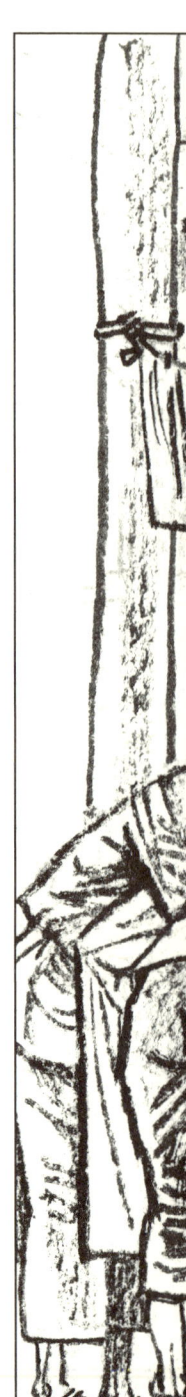

103 | 第五篇
热血铸青春

七、谢甲开血洒茅坪河

谢甲开，一个普通的人。井冈山斗争中，他既非红军战将，也非地方主要领导人，只不过是宁冈县茅坪乡工农兵政府的一个小小秘书。然而，他却以壮丽的青春和崇高的理想塑造了一个完美的人生。

谢甲开，出身于富裕家庭，可却走上了一条"叛逆"的道路，站到了贫苦阶层的一边。

在国共合作时期，他积极参与组织农民协会。1927年10月，毛泽东率工农革命军在茅坪安家，他又主动协助革命军建立后方留守处、医院，帮助解决军队给养问题。

这年冬天，他光荣地加入了中国共产党。从此，对着党旗立下的誓言铭刻在他的心中，"为天下受苦大众谋利益"成为他的奋斗目标。打土豪分田地运动开始后，他义无反顾，把家中的粮食、衣物、食油分给贫苦农民。他的行动，赢得了党和人民的信赖。1928年1月，他被选为茅坪乡工农兵政府秘书。

在那段非常岁月里，谢甲开身兼数职，为了革命事业日夜奔忙。毛泽东非常喜欢这个热情澎湃的年轻人。

岂知，天有不测之风云。1928年3月，革命军两个团都去了湘南，边界兵力空虚，国民党军趁虚而入，要把茅坪烧光杀光！为掩护群众转移，谢甲开被敌人抓住了。

茅坪，是党军政重地。敌人对抓住了谢甲开很高兴，于是，对他又是引诱，许以高官厚禄，又是威胁。但无论敌人用什么花招，谢甲开誓死不降。残暴的敌人恼羞成怒，把他押到茅坪河边，扬言要将他处死。面对死亡，谢甲开放声大笑，高呼："共产党万岁！红军万岁！"慷慨就义。凶残的敌人竟将他开膛破肚，腰斩五段，抛入茅坪河中。

谢甲开的血，染红了茅坪河水。

他，只活了32岁，生命很是短暂，但是，短暂的生命却放射出璀璨的光辉。

▶▶ 微链接

中共几代领导人谈井冈山精神

"日子好过了，艰苦奋斗的精神不要丢了，井冈山的革命精神不要丢了。"
——毛泽东　1965年5月

"井冈山精神是宝贵的，应当发扬。"
——邓小平　1972年11月

"中国革命的胜利离不开井冈山精神，实行改革开放、建设有中国特色社会主义，同样需要发扬井冈山精神。"
——江泽民　1989年10月

"伟大的井冈山精神集中反映了我们党的优良传统和作风。"
——胡锦涛　2003年8月

"要把井冈山精神发扬光大，让井冈山精神在新的时代绽放出新的光芒，与时俱进！"
——习近平　2006年4月

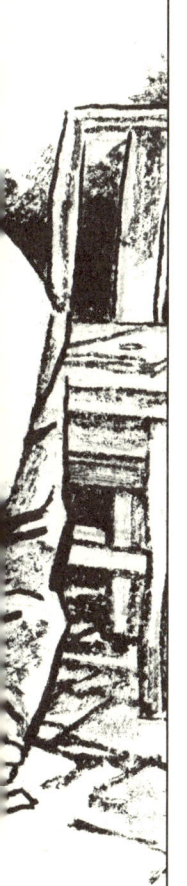

八、追求真理的刘真

刘真,江西永新县人,曾担任过中共永新县委书记、湘赣边界特委常委。

井冈山的斗争,是一出血与火、灵与肉交锋搏杀的壮烈正剧。在剧中,美丑良莠,逐次亮相,所有登台者都尽情地演绎了自己,留下了或美好或丑陋的片段。

刘真,留下了一首动人的歌。这首歌,是信念填的词,理想谱的曲,一般人唱不出。

1928年"八月失败"时,边界特委和永新县委在工作方法上发生了分歧,撤销了刘真的县委书记职务,又开除了他的边界特委常委一职。此时,正值湘赣两省敌军的重兵"会剿"。在斗争异常险恶的时刻被迫离开战斗岗位,刘真感到十分痛苦。可是,命运却不停地捉弄他。不久,他的父亲因遭敌追杀,无处立足,只身前来投奔儿子,被警戒的游击队员错当成保安队的侦探打死了。紧接着,身为县委妇女干部的新婚妻子又被当成敌人的"卧底"错杀了。

这样的命运太惨了,实在令人难以承受,但刘真承受并挣脱了,他把自己的名字由"刘珍"改为"刘真",寓意为"相信真理、追求真理",强忍着悲痛,继续埋头为革命工作。

刘真以实际行动向党交了一份合格的答卷。1929年2月,组织上恢复了他的职务。刘真更加努力了。

然而,他的对手却容不得他。1929年7月,他在从南昌回井冈山的船上不幸被捕。敌人耍尽一切手段,企图改变他的立场。南昌卫戍区司令王均亲自劝降,遭到刘真斩钉截铁地回答:"我生是共产党人,死是共产党鬼。要杀便杀,决不会与尔等反革命为伍!"凶残的敌人无可奈何,竟将刘真放入熬樟脑油的大木甑里活活蒸死!

刘真牺牲后,江西省委发出通告,拟定标语口号:"继续刘真精神!""刘真精神万岁!"

九、七溪岭上的"战神"

在井冈山斗争的史册里，记载着一位"战神"，这就是红四军第二十八团三营营长肖劲。

肖劲，留下来的资料极少，只知道他是湖南石门人，黄埔军校第三期毕业，出身年月、入党时间都不清楚。革命战争年代，千千万万的英雄没有留下名字，但却永远留在了人们的心中。

肖劲与陈毅同时加入南昌起义部队，并一起上的井冈山。

无论是随南昌起义部队还是在参加湘南起义的历次战斗中，肖劲都表现得十分优秀，深得朱德赏识。

又怎料天不佑人，一场龙源口战斗夺走了朱军长的"爱将"。

七溪岭战斗是朱毛两军会师后遭遇敌人的一场恶仗。

1928年6月23日，端午节刚过。红二十八团从永新城出发，在赶到一个叫茅管坳的制高点时，七溪岭的最高点百步墩已被先期到来的敌人所占领。敌俯我仰，给攻坚的形势陡然增添一个不利的因素。

战斗打响后，敌人密集的子弹压得二十八团官兵无法前进。抢占百步墩是唯一的选择。肖劲主动请缨，担任了冲锋集团队长。

密集的枪弹下，肖劲带着冲锋集团时而匍匐，时而跃起，一步步地向百步墩冲去，肖劲冲在队伍的最前面。一次、两次、三次……冲锋始终未能奏效。

中午时分，敌二十五、二十六团散在各处休息。肖劲抓在这个机会，再次组织了冲锋。敌人慌了，急忙组织反击。突然，一颗子弹击中肖劲的腹部，肠子随血涌了出来。他使劲捂住伤口，将肠子塞回腹腔内，撕下一条袖子裹住腹部，继续往前冲锋。大家呼喊着蜂拥而上，踏着肖劲闯开的血路，冲上了百步墩，将敌人压至龙源口。

肖劲静静地躺在百步墩，永远地闭上了疲惫的眼睛。

肖劲的英勇壮举撼天动地。他的鲜血，化为一朵红色的祥云；他的伟岸身躯，化为了一棵不老的劲松，护卫着他的战友兄弟！

十、血染的紫兰花

肖子南出身于一个中农家庭,少时天资聪颖,读书过目不忘,被人称为"小神童"。可是,当肖子南读完私塾后,家里再也无力供养他到外地去上新式中学了。断了学的肖子南明白:这是黑暗的社会造成的。就是读了书也无用武之地啊!

1925年,宁冈在龙超清的带领下闹起了革命。只有18岁的肖子南勇敢地投入了这场运动。他成了青年学生的头。

毛泽东率工农革命军来到宁冈后,肖子南更加投入了。

1928年2月,共青团宁冈县委成立,他被推选为第一任书记。

1928年"八月失败"后,地方武装急需政工人员,组织上考虑到他出色的才能,任命他担任县西北特区赤卫队党代表。从此,他投笔从戎,带领赤卫队积极打击敌人,成为敌人的"眼中钉"。

1930年2月,"袁、王事件"发生后,袁文才的妻叔谢角铭与王佐的哥哥王云龙"通电反赤",积极配合国民党铲除共产党的"死硬分子"。肖子南不幸在一场战斗中被抓住了。

抓住了肖子南,叛徒谢角铭一阵狂喜,企图将他拉入敌营,亲自对他叙旧攻心。但无论谢角铭如何花言巧语,肖子南毫不动心。谢角铭继而抓来肖子南的父母、兄嫂、侄子,进行逼降。肖子南大骂叛徒谢角铭,凶残的谢角铭恼羞成怒,竟然当着肖子南的面,连续杀掉了他的五个亲人!

敌人决定处决肖子南。肖子南为了救出与他同时被俘的红军班长王泰祥,假意提出要在晚上死,愚蠢的敌人应允了。到刑场时,肖子南突然用自己的身子撞灭了敌人的几支火把,掩护王班长成功逃脱,而自己却倒在了敌人的子弹下。

肖子南牺牲的山坡上以前遍地长着白兰花。不知怎的,第二年竟然全开出了清一色的紫兰花。人们说,那些紫兰花是肖子南的鲜血染红的。

画说井冈

112

> 它是站在海岸遥望海中已经看得见桅杆尖头了的一只航船,
> 它是立于高山之巅远看东方已见光芒四射喷薄欲出的一轮朝日,
> 它是躁动于母腹中的快要成熟了的一个婴儿。
>
> 星星之火，可以燎原
>
> 毛泽东

尾　声

　　1929年春，井冈山足足下了40天雪。就在这漫天大雪中，湘赣两省敌军组织了18个团的军队，对井冈山发动了第三次"会剿"。井冈山根据地军民面临着一场生死考验。为了减少牺牲，解决经济困难，打破敌人的企图，毛泽东于1929年1月4日至7日在宁冈的柏露乡召开了"柏露会议"，决定实施"围魏救赵"之策：红四军主力出击赣南，红五军和红四军第三十二团留守井冈山。

　　1929年1月14日起，红四军主力3600余人在井冈山的小行洲、下庄村集合出发，踏上了出击赣南的征途。

　　热土难离。就要告别驻扎了一年多的"家"，每个人的心里都像注了铅似的，沉甸甸的。伫立在风雪中，遥望着这熟悉的山山水水，谁都舍不得迈足！

　　红五军、红四军第三十二团的指战员和山上山下的群众都站在村口，为部队送行。送行的群众将带来的鸡蛋、布鞋、烟叶等，一个劲儿地往战士们的荷包里塞。不知是谁唱起了山歌。这首歌，后来被改编为《十送红军》。

　　红军主力突围的消息被敌人侦知了。湖南军阀何键立即命令进至遂川、资兴的"会剿军"，会同驻赣州的刘士毅第十五旅，围追阻截红四军主力。同时命令进至永新、莲花、鄠县和茶陵的"会剿军"，向井冈山逼近，紧缩包围圈。从1月26日起，国民党军向井冈山军事根据地的五大哨口发动了猛烈攻击，彭德怀率领守山军民与敌人进行了三天三夜的殊死鏖战，但终因寡不敌众，黄洋界、八面山、桐木岭哨口相继失守。彭德怀率部冲出敌人包围，往赣南与红四军联系。第三十二团转入深山，留下来坚持游击战争。经过艰难转战回到吉安东固的红四军听闻井冈山失守的消息后，前委随即改变策略，杀回赣南，开辟了赣南革命根据地，尔后又开辟了闽西根据地，并在赣南、闽西根据地的基础上形成了中央苏区。星星之火得以燎原。

　　1929年2月初，王佐率领三十二团趁井冈山下大雪、敌人粮草短缺撤下山的时机杀下山来，收复了井冈山军事

根据地。三四月间,由王佐、李灿带领的红军和部分地方武装组成了湘赣边界红军独立一团,在边界各县开展游击斗争,并将遂川、茶陵、酃县、永新、宁冈、莲花的部分地区重新纳入红色区域。红五军主力也在彭德怀率领下于5月、6月先后两次杀回井冈山,继续在湘赣边界坚持武装斗争。

正在革命根据地迅速恢复发展、局面一片大好之时,却因1930年2月对袁文才、王佐的错杀使湘赣边界的革命斗争形势急转直下,井冈山不久沦为白区。

井冈山斗争虽然只有短短的两年零四个月,但却成为中国革命史上永远的丰碑。

如今,昔日的硝烟已经散尽,战争的创伤逐渐抚平,老一辈为我们设计的蓝图已逐步实现,今日的中华民族已崛起屹立在世界民族之林。

假若没有1927年的那一点星火,没有毛泽东、朱德等仁人志士的勇追真理、救国救民以及千万个先烈的无私无惧、慷慨奉献,哪有今天五彩缤纷的绚丽春天?

他们的精神不灭,在今天,依然值得我们去追寻、去弘扬。

2008年10月,习近平同志在井冈山参观井冈山革命博物馆时曾说:"要把井冈山精神发扬光大,让井冈山精神在新的时代绽放出新的光芒,与时俱进!"

2013年7月,习近平同志在参观河北西柏坡时说:"中国革命历史是最好的营养剂。"

历史与现实是条割不断的纽带。只有当好历史的传承人,才能担当历史赋予的重任,完成历史的担当,实现中华民族伟大复兴的中国梦。

井冈山斗争历史,就是中国当代"最好的营养剂"。井冈山精神,一定会在新的时代绽放出新的光芒!

让我们走进井冈山,感悟井冈山!

井冈山斗争,功垂史册!

井冈山精神,永放光芒!

附录

井冈山革命根据地大事记
（1927年8月—1930年2月）

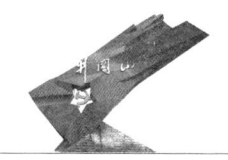

	1927 年
8月	1日，根据中共中央决定，在周恩来、贺龙、叶挺、朱德、刘伯承等领导下，在南昌举行武装起义，打响了武装反抗国民党反动派的第一枪。参加起义的部队计2万余人。
	7日，中共中央在汉口召开紧急会议（即八七会议），选举了临时中央政治局，作出了秋收暴动的决策。毛泽东在会上提出了"枪杆子里面出政权"的重要论断，并当选为临时政治局候补委员。
	12日，共青团中央在武汉召开中央执行委员全体会议，传达了八七会议精神，决定在党的领导下，发动团员积极投入土地革命和武装斗争，协助党在湘鄂赣豫四省发动秋收起义。
	30日，中共湖南省委召开省委常委会议，决定成立湖南秋收暴动领导机关，由毛泽东任党的前敌委员会书记，领导湘赣边界秋收暴动。
9月	月初，毛泽东在江西安源张家湾召开了军事会议，组建秋收暴动武装力量——工农革命军第一军第一师。
	9日，湘赣边界秋收起义爆发，参加起义的部队计5000余人。但三路大军进攻长沙时严重受挫。
	19日，秋收起义部队1500余人在湖南浏阳文家市会合。当晚，毛泽东召开前委会议，作出了向萍乡退却的决策。
	在此前后，南昌起义余部在广东大浦三河坝分兵。朱德率第九军、第十一军二十五师留守三河坝。
	24日，秋收起义部队在江西萍乡芦溪遭袭，总指挥卢德铭不幸牺牲。
	25日，秋收起义部队攻克江西莲花县城。翌日，毛泽东主持召开莲花县党组织负责人会议，作出了向宁冈进发、引兵井冈的决策。
	29日，秋收起义部队进驻江西永新县三湾村，进行了著名的"三湾改编"，奠定了党对军队绝对领导的基础，第一次把党的政治建军设想付诸实践。改编后，部队改称为工农革命军第一军第一师第一团。

10月	2日，朱德指挥留守三河坝的南昌起义部队，与敌钱大钧部激战二昼夜，后向潮汕转移。
	3日，工农革命军抵达宁冈县古城。毛泽东主持召开前委扩大会议，讨论并确立了在罗霄山脉中段建立根据地、开展游击战争及争取改造袁文才、王佐两支地方武装等问题。
	6日，毛泽东在宁冈大仓村会见袁文才，赠送袁文才100支枪。7日，工农革命军进驻宁冈茅坪，设立了留守处和后方医院。
	中旬，工农革命军抵达湖南省酃县水口，进行了我军历史上最早的一次建党活动，发展了赖毅、陈士榘等一批工农分子入党。随后，兵分两路：一路进击湖南茶陵，一路折向江西遂川。
	朱德领导的南昌起义部队进入江西省安远县天心圩，开始了著名的"赣南三整"。
	21日，工农革命军一营二连、三连攻克茶陵县城。
	23日，工农革命军游击至遂川大汾时遭袭，部队被遂川反动地方武装肖家璧靖卫团打散。毛泽东率领团部和一营一连、特务连到达荆竹山。三营在张子清率领下转向桂东一带，后与朱德部队会合。
	24日，毛泽东在荆竹山第一次提出了工农革命军的"三大纪律"。当天，部队到达大井与王佐部会合。
	27日，毛泽东率部进驻茨坪。
11月	月初，毛泽东率部返回茅坪，在茅坪象山庵召开了宁冈、永新、莲花三县原党组织领导人会议。
	中旬，工农革命军第一营第二次攻克茶陵县，成立了"茶陵县人民委员会"。
	毛泽东深入宁冈茅坪坝上、洋桥湖、马源一带农村进行调查，写下了《宁冈调查》。
	28日，毛泽东指示撤销旧政府式的茶陵县人民委员会，成立了湘赣边界第一个县级红色政权——茶陵县工农兵政府，谭震林任主席。
12月	上旬，朱德率部转战到粤北仁化、韶关一带。之后，中央两次写信指示他们和毛泽东部相联络，共同实行武装割据。
	秋收起义部队前委派毛泽覃等军队干部到宁冈乔林帮助建立根据地的第一个农村党支部，并着手土地革命试点。
	下旬，工农革命军第一营与第三营在茶陵会合，共同抵抗湘敌吴尚部进攻。毛泽东接第一营党代表宛希先急信后赶至茶陵，次日在湖口下令逮捕企图投敌的团长陈皓等人，将部队带回宁冈。茶陵游击队200余人加入工农革命军，编为第一团第二营。
	月底，毛泽东在宁冈砻市召开军民大会，总结了茶陵工作的经验教训，宣布了工农革命军"三大任务"，处决了陈皓等叛徒，创办了国防大学的前身——军官教导队。

	1928 年
1月	5日，工农革命军攻克江西省遂川县城。后方留守处负责人余贲民在茅坪桃寮村创办根据地第一个被服厂。
	8日，毛泽东主持召开遂川县党员会议，重建遂川县委，陈正人担任书记。
	中旬，毛泽东主持召开遂川、万安两县县委联席会议，首次提出"敌来我去、敌驻我扰、敌退我追"的游击战术"十二字诀"。
	12日，南昌起义部队取得湘南宜章暴动胜利。随后，部队挥师北上，发动湘南总暴动。
	24日，遂川县工农兵政府成立，王次淳任县长。
	25日，毛泽东在遂川李家坪第一次提出了工农革命军的"六项注意"。
2月	月初，前委决定第二营（原茶陵游击队）仍回茶陵活动。
	上旬，袁文才、王佐两支地方武装在宁冈大陇升编为工农革命军第一军第一师第二团。袁、王分任正副团长。
	18日，工农革命军攻克宁冈新城，击破赣敌第一次"进剿"。翌日，毛泽东在茅坪宣布了我军的俘虏政策。
	21日，中共宁冈县委和宁冈县工农兵政府在砻市成立，龙超清任县委书记，文根宗任政府主席。
	至本月，工农革命军先后在茶陵、遂川、宁冈三县建立了工农兵政府，根据地范围已拥有宁冈全县，以及永新、遂川、莲花、酃县、茶陵各一小部分。
3月	上旬，中共湘南特委派周鲁来井冈山，误传毛泽东被中央开除党籍，并将前委改组为师委，何挺颖任书记，毛泽东改任师长。强令工农革命军开往湘南，策应湘南起义，致使边界遭遇了"三月失败"，被敌人占领了一个多月。
	中旬，工农革命军向湘南进发，攻克湖南省酃县县城。
	月底，湘南暴动失败，朱德率部向湘赣边界转移。
4月	3日，毛泽东在湖南省桂东沙田正式颁布了工农革命军的"三大纪律、六项注意"。
	8日，毛泽东率一团攻克湖南省汝城县城。
	陈毅部到达湖南省资兴彭公庙，与袁文才率领的二团会合。
	中旬，毛泽东率一团到达资兴龙溪洞，和萧克领导的宜章农军独立营会合。
	21日，陈毅部、袁文才部与朱德部在酃县沔渡会合，后退往宁冈砻市。
	24日，毛泽东率部回到宁冈砻市，与朱德、陈毅等率领的南昌起义部队和湘南农军胜利会师。

4月	25日，工农革命军第四军党的第一次代表大会在宁冈龙江书院召开。朱毛两部合编为工农革命军第四军，军长朱德，党代表毛泽东，参谋长王尔琢，教导大队兼士兵委员会主任陈毅。会议决定在"五四"纪念日召开会师庆祝大会。
	月底，工农革命军首战遂川五斗江击溃敌军，攻克永新县城，击破赣敌第二次"进剿"。随后，永新县工农兵政府成立，彭文祥任主席。
5月	4日，在宁冈砻市召开了两军会师庆祝大会，正式宣布成立工农革命军第四军。
	毛泽东到永新秋溪、夏幽、南城、汉山、塘边等一带农村进行调查，写下了《永新调查》。
	19日，工农革命军取得草市坳战斗胜利，乘胜再克永新，打破敌军第三次"进剿"。
	20日，经江西省委、湖南省委批准，中共湘赣边界党的第一次代表大会在茅坪谢氏慎公祠召开，选举产生了湘赣边界特委，毛泽东任特委书记。此后，边界各县掀起了轰轰烈烈的土地革命运动。
	月底，湘赣边界工农兵政府在茅坪苍边村成立，袁文才任主席。随后，造币厂在上井村创办，生产出"工"字银元。后又在茨坪创办公卖处，在大陇开办红色圩场。
	湖南省委代表杜修经到达茅坪。翌日，工农革命军在茅坪召开第五次代表大会，杜修经传达湖南省委指示，决定红四军撤师建制，原湘南农军除二十九团外均返回湘南。
	本月，毛泽东、朱德根据游击斗争的经验，总结和提出了"敌进我退，敌驻我扰，敌疲我打，敌退我追"等一套游击战术。
6月	4日，根据中共中央军委指令，工农革命军第四军改名为中国工农红军第四军。
	23日，朱德、陈毅、王尔琢等指挥红四军主力，分别在七溪岭和龙源口击破赣敌第四次"进剿"，乘胜第三次占领永新县城，取得了建立根据地以来最大的军事战斗——龙源口大捷的胜利。
	本月，鄜县工农兵政府、莲花县工农兵政府成立。
7月	12日，朱德率领红四军二十八、二十九团攻克鄜县县城。当晚，二十九团士兵委员会私下开会，决定去湘南。
	22日，彭德怀、滕代远等领导发动平江起义。起义胜利后，成立了红军第五军，彭德怀任军长，滕代远任党代表。
	24日，红四军冒进湘南后，二十九团与范石生部战于郴州，几乎全团覆灭。
	本月，红军军械处由茅坪迁往茨坪，是为我军最早的兵工厂。红军大队被拉往湘南，边界特委决定由袁文才率领红四军三十二团防守宁冈，毛泽东率领三十一团在永新困敌，取得第一次反"会剿"奇迹：三十一团在广大群众的掩护下，用四面游击的方式，将赣敌11个团围困在永新县城附近30里内达25天之久。

8月	上旬，赣敌获悉红军主力已去湘南，发起猛攻，红三十一团和地方武装退入山区，永新、莲花、宁冈沦于敌手，边界各县的县城和平原尽为敌据，党组织和红色政权遭到重大破坏，被杀之人、被焚之屋不计其数，是为"八月失败"。
	中旬，毛泽东得知红四军主力郴州失利，率领三十一团三营前往桂东迎还红军大队。
	18日，红二十八团攻克桂东县城。
	23日，毛泽东率部与红军大队在桂东县城会合。当天召开营以上干部会议，决定重返井冈山，并留杜修经、龚楚在湘南重建湘南特委。
	26日，二十八团二营营长袁崇全率部叛变，王尔琢在追回该部时不幸遇难。
	30日，红军以不足一营的兵力，击破湘赣敌军第二次"会剿"，取得了黄洋界保卫战的胜利。毛泽东在归途中闻讯后，写下《西江月·井冈山》。
9月	13日，朱毛红军在遂川城外击溃刘士毅部5个营，并击毙叛徒袁崇全，收复遂川。
	26日，红军主力回到井冈山。此后，宁冈、永新两县党组织全部解散，重新登记，党组织由公开转向秘密。
10月	1日，朱毛红军在茅坪坳头陇将赣敌1个营全歼，随即收复宁冈全县。
	4日至6日，湘赣边界党的第二次代表大会在茅坪步云山召开。会议通过了《中国共产党湘赣边界第二次代表大会决议案》(《中国的红色政权为什么能够存在？》即《决议案》的第一部分)。此后，防务委员会成立，王佐任主任。
	中旬，湘军营长毕占云率100余人在桂东起义投奔红四军，后编为红四军特务营。不久，赣军连长张威率部起义投奔红四军，后编为红四军独立营。
	下旬，湘赣边界第一期党团训练班在宁冈茅坪象山庵开办，由湘赣边界各县选派了300余名党、团员参加培训。
	本月，党、团中央联席会议对党团关系作出明确规定：团接受党的政治领导，但应保持团在组织上的完全独立性。红四军根据该决定，于1928年底重建了团组织。
11月	2日，湘赣边界党收到中央6月4日的来信。随后，重建了边界党的最高领导机关——前敌委员会，毛泽东任书记。前委统辖军委和特委。
	9日，红四军在宁冈新城和永新龙源口击败赣敌。翌日，收复永新。
	25日，毛泽东代表前委在宁冈茅坪写下《井冈山前委对中央的报告》(即《井冈山的斗争》)。
	本月，红四军在井冈山上掀起了一场挑粮运动。35岁的毛泽东、42岁的朱德亲自参加挑粮。红军挑粮上山，1天挑2次，往返50千米，一共挑20余天，把30多万斤粮食运上山。
	红四军在茨坪开办军官教导队第二期培训班；在小井兴建红军医院，曾志任党总支书记。

12月	10日,彭德怀、滕代远率红五军一部800余人,到达宁冈新城与红四军胜利会师。
	14日,在宁冈新城召开红四军、五军会师庆祝大会。
	本月,湘赣边界工农兵政府颁布《井冈山土地法》。宁冈、永新、莲花、茶陵四县赤卫队,奉命开赴九陇山军事根据地,坚持游击斗争。

1929年

1月	1日,国民党会剿总部在萍乡成立,何键为代总指挥,开始对井冈山根据地进行第三次"会剿"。
	4日至7日,前委在宁冈柏露召开前委、特委、各县县委、团特委、红四军委、红五军委联席会议,传达党的六大精神,决定采取"围魏救赵"的策略,粉碎敌人第三次"会剿"。红四军下山,调动敌人。红五军和红四军三十二团留守井冈山,袁文才调任红四军参谋长。
	14日,朱毛红军3600余人从茨坪、小行洲出发,出击赣南,沿途发布《红军第四军司令部布告》。
	26日,敌军向井冈山军事根据地五大哨口发起猛烈攻击。
	月底,黄洋界、八面山、桐木岭哨口相继失守。彭德怀率部冲出敌人包围,往赣南与红四军联系。三十二团转入深山,坚持游击战争。
2月	10日,红四军在江西瑞金大柏地击溃敌刘世毅部。
	中旬,湘赣边界临时特委在永新成立,朱昌偕任书记。17日,红四军转战至吉安东固地区,与江西红军独立第二、第四团会合。此时朱毛得知井冈山已失守,遂决定到闽粤边界游击。
3月	月初,湘赣敌军卷入蒋桂战争。何长工、王佐领导根据地军民收复井冈山。此后,临时特委抽调地方武装组建红军独立第一团。
	7日,红五军攻克于都城,随后夺取安远县城。
4月	1日,红五军在瑞金与红四军会合。
	11日,前委在于都召开扩大会议,决定红五军打回井冈山收复失地,重建政权。
	月底,彭德怀率红五军抵达茨坪。
5月	2日,红五军到达茅坪。
	上旬,边界临时特委将红军独立第一团编为红五军第六纵队,王佐任司令,何长工任党代表。

6月	22日，红四军党的"七大"在福建龙岩召开，陈毅当选为前委书记，毛泽东落选。
	本月，红五军收复遂川与宁冈县城。
7月	中旬，红五军攻打安福县城，重创敌军，但军参谋长刘之至、第四纵队队长贺国中在战斗中牺牲。
9月	6日，江西省委给湘赣边界来信，同意"新的边特应建立在群众斗争的中心永新"。
	25日，中央给湘赣边界特委发来指示信，将特委划归江西省委领导。
	28日，中央决定以《中共中央给红军第四军前委的指示信》（史称"九月来信"），统一红四军前委的指导思想，决定毛泽东仍任红四军前委书记。
10月	30日，永新、莲花、宁冈三县地方武装攻克永新县城。
11月	26日，毛泽东到达福建汀州，就任红四军前委书记。
12月	28日，毛泽东在古田主持召开中共红四军第九次代表大会（即古田会议）。大会通过了《中国共产党红军第四军第九次代表大会决议案》（《关于纠正党内的错误思想》一文是其中一部分）。

1930 年

1月	5日，毛泽东在福建古田赖坊写了长篇党内通讯《时局的估量与红军行动问题》（即《星星之火，可以燎原》）。
	18日至21日，湘赣边界特委、红五军军委、赣西特委在遂川于田召开联席会议。
2月	6日至9日，毛泽东在吉安陂头主持召开红四军前委，红四、五、六军军委，赣西、赣南特委联席会议（史称"二七"会议），决定将红四军前委扩大为红四、五、六军及赣西、赣南、闽西、湘赣边等地区的指导机关，毛泽东为书记。同时，决定赣西、赣南、湘赣边特委合并为赣西南特委。原湘赣边特委管辖的区域归属赣西南特委西路行委领导。
	24日，由于受党内"左"倾错误的影响，袁文才、王佐在永新被错杀。其后井冈山革命根据地丧失。
	至此，井冈山的斗争进入了以永新为中心的湘赣革命根据地的新历史时期。

主要参考文献：

刘上洋：《井冈山革命博物馆》，江西美术出版社，2009年版。

井冈山精神大型展览领导小组编辑：《井冈山精神颂》，江西画报社，2003年版。

余伯流 陈钢：《井冈山革命根据地史》，江西人民出版社，2014年版。

中国井冈山干部学院教材编审委员会组织编写：《井冈山革命根据地简史》，党建读物出版社，2007年版。

《井冈山革命博物馆志》编委会：《井冈山革命博物馆志》，江苏人民出版社，2007年版。

欧阳苏勤：《弘扬井冈山精神 打造一流精品工程》，江西人民出版社，2009年版。

井冈山革命博物馆编：《记忆井冈山》，中央文献出版社，2011年版。

井冈山革命博物馆编：《井冈山斗争史料选编》，中央文献出版社，2010年版。

井冈山革命博物馆编：《井冈山革命根据地旧居旧址集萃》，中央文献出版社，2010年版。

井冈山革命博物馆编：《井冈山革命斗争史展陈概览》，中央文献出版社，2010年版。

孙世昌 吕云松：《天下第一山的由来》，江西人民出版社，2008年版。

肖邮华主编：《历程：井冈山革命博物馆50年》，中国文联出版社，2009年版。

李小三主编：《中央革命根据地简史》，江西人民出版社，2009年版。

图书在版编目（CIP）数据

画说井冈 / 全国青少年井冈山革命传统教育基地编. —上海：上海科学技术文献出版社，2015.12
 ISBN 978-7-5439-6919-3

Ⅰ.①画… Ⅱ.①全… Ⅲ.①井冈山革命根据地—革命史—通俗读物 Ⅳ.① K269.409

中国版本图书馆 CIP 数据核字（2015）第 299620 号

上海市重大文艺创作项目由上海文化发展基金会资助

书　名　画说井冈

编　　著：全国青少年井冈山革命传统教育基地
主　　编：刘爱平
副 主 编：王学坤　刘文兰　黄志刚　刘　军
选题策划：王学坤
总 监 制：刘亚军
编　　委：滕永琛　冯　赟　肖小军　黄华剑　陈　钢
统　　筹：滕永琛

撰　　稿：陈　钢
绘　　画：忻秉勇
封面绘画：沈尧伊
装帧设计：肖存伟
责任编辑：张　树　李　莺
特约编辑：刘蓉蓉　叶安云

出版发行：上海科学技术文献出版社
地　　址：上海市长乐路 746 号
邮政编码：200040
经　　销：全国新华书店
印　　刷：常熟市文化印刷有限公司
开　　本：889×1194　1/16
字　　数：103.4 千字
印　　张：8.5
版　　次：2015 年 12 月第 1 版　2017 年 4 月第 2 次印刷
书　　号：ISBN 978-7-5439-6919-3
定　　价：68.00 元
http://www.sstlp.com
版权所有　侵权必究